MIT KINDERN TAUFE UND ABENDMAHL FEIERN

Herausgegeben von Georg Ottmar
in Zusammenarbeit mit Gabriele Arnold,
Thomas Lehnardt, Monika Renninger

Gütersloher Verlagshaus

Die Deutsche Bibliothek – CIP-Einheitsaufnahme

Mit Kindern Taufe und Abendmahl feiern
hrsg. von Georg Ottmar in Zusammenarbeit mit ... – Gütersloh :
Gütersloher Verl.-Haus, 1998
ISBN 3-579-03077-9

ISBN 3-579-03077-9
© Gütersloher Verlagshaus, Gütersloh 1998

Umschlaggestaltung und Foto: Linda Opgen-Rhein, Dortmund
Satz: Weserdruckerei Rolf Oesselmann GmbH, Stolzenau
Druck und Bindung: Westermann Druck Zwickau GmbH, Zwickau
Gedruckt auf chlorfrei gebleichtem Werkdruckpapier
Printed in Germany

Inhalt

EINFÜHRUNG

Gottes Freundlichkeit feiern
Taufe, Tauferinnerung und Abendmahl mit Kindern
Georg Ottmar 11

TAUFE UND TAUFERINNERUNG

Mit Kindern Taufe und Tauferinnerung feiern
Eine Einführung
Monika Renninger 17

… und segnete sie
Ein Taufgottesdienst im Grünen
Georg Ottmar 23

Ein kleiner Tropfen soll uns erinnern
Gottesdienst für kleine Kinder und ihre Familien mit Taufe
Ralf Horndasch, Angelika Reimann-Hafner,
Manfred Wacker 28

Das Wasserwunder in der Wüste
Familiengottesdienst zum Erntedankfest mit Taufe
Evelina Volkmann 34

Ich bin getauft – Wir gehören zusammen
Gottesdienst für die ganze Familie
mit Taufen und KonfirmandInnenvorstellung
Georg Ottmar 39

Frederick
Taufansprache mit einem Bilderbuch
Thomas Lehnardt 45

Glauben, Hoffen, Lieben
Eine Gestaltungsidee
Monika Renninger 47

Die Rose von Jericho
Gottes Segen läßt unser Leben aufblühen
Siegfried Jahn 49

Beflügelt von Gottes Kraft
Kinderkurs Taufe
Dorothee Eisrich 53

Mit dem »Tauferinnerungstuch«
Kinderkurs Taufe und Tauferinnerung
Günther Teichgraeber 62

Auf dem Weg zum Wasser des ewigen Lebens
Tauferinnerung als Gottesdienst für die ganze Gemeinde
Uwe Grieser 72

Und lehret sie halten alles
Tauferinnerung mit KonfirmandInnen
Monika Renninger 83

Wenn einer sagt, ich mag dich, du
Tauferinnerung aus der offenen Behindertenarbeit
Philipp Neßling 87

Glaube kommt aus den Kinderschuhen
Ansprache zur Taufe und Tauferinnerung zu Mk 10,14 und Ps 121,3
Anne-Kathrin Kruse 94

ABENDMAHL

Mit Kindern Abendmahl feiern
Eine Einführung
Georg Ottmar 99

Miteinander feiern, das kann schön sein
Vorschlag für eine kindgerechte Abendmahlsliturgie
Georg Ottmar 109

Ich bringe alles, was mich belastet
Kinderkurs Abendmahl
Dorothee Eisrich 119

Gott gibt uns Rechte
Mahlgottesdienst zum Abschluß des Kinderkurses Abendmahl
Günter Teichgraeber 126

Das schönste Brot von Salem
Kinderbibeltage und Familiengottesdienst
zur Einführung des Abendmahls mit Kindern
Gabriele Arnold, Angelika Heimerl, Monika Renninger 135

Heilen, teilen, miteinander leben
Abendmahlsfeier aus der offenen Behindertenarbeit
Philipp Neßling 141

Gott lädt uns ein – wir kommen an seinem Tisch zusammen
Ein Festgottesdienst für Menschen mit geistiger Behinderung
Hartmut Otto 146

Brot und Trauben
Familiengottesdienst zum Erntedank
auf dem Weg zum Abendmahl mit Kindern
Monika Renninger 152

Zwischen Feiertag und Alltag
Frühstücksgottesdienste
an den zweiten Feiertagen der großen Feste
Ein Werkstattbericht und drei Beispiele
Monika Renninger
in Zusammenarbeit mit Henriette Bauer, Sabine Kollmannthaler,
Dörte Lochner, Elvira Thonke-Neundorf 158

Glauben, Hoffen, Lieben
Ansprache im Abendmahlsgottesdienst zur Konfirmation
Monika Renninger 165

Abendmahl mit Kindern
Ein Brief an die Gemeinde
Anne-Kathrin Kruse 169

Niemand soll ausgegrenzt werden
Die Beratung der Abendmahlszulassung
von Kindern im Kirchengemeinderat
Ein Praxisbericht
Georg Ottmar 174

Mit Kindern auf dem Weg zum Abendmahl
Thematische Vorbereitung im Kindergottesdienst
Georg Ottmar 178

Bis zur Unendlichkeit und noch viel weiter ...
Statt eines Nachworts
Scott Haslett 183

Ausgewählte Literatur 186
Verwendete Abkürzungen 188
HerausgeberInnen und AutorInnenregister 189

EINFÜHRUNG

Gottes Freundlichkeit feiern

Taufe, Tauferinnerung und Abendmahl mit Kindern
Georg Ottmar

Die Enttäuschung ist ihr ins Gesicht geschrieben. Lisa, fünf Jahre, hat die Taufe ihrer kleinen Schwester miterlebt. Am nächsten Sonntag erzählt sie empört im Kindergottesdienst: »Es waren gar keine anderen Kinder da, nur meine Schwester und ich! Das war echt langweilig.«

Auch Jan, neun Jahre, ist frustriert. Er war mit seinen Eltern bei einem Abendmahlsgottesdienst. »Erst wurde ganz viel geredet,« schimpft er. »Dann hat man ein trauriges Lied gesungen. Und am Schluß hat es Brot gegeben und Wein. Das ist nichts für dich, haben meine Eltern gesagt. Da bin ich gar nicht mit vor zum Altar. Wenn die Erwachsenen Gottesdienst feiern, nehmen sie keine Rücksicht auf uns Kinder!«

Viele Kinder machen ähnliche Erfahrungen wie Lisa und Jan. Sie gehen begeistert zum Kindergottesdienst. Sie freuen sich, wenn ein Familiengottesdienst angeboten wird. Aber bei Taufgottesdiensten und Abendmahlsfeiern fühlen sie sich fehl am Platz.

Schade eigentlich. Denn Taufe und Abendmahl sind Zeichen und Zeugnis für die Freundlichkeit Gottes. Im Wasser der Taufe erfahren wir diese Freundlichkeit Gottes ganz persönlich. Und im Abendmahl dürfen wir »schmecken und sehen«, wie freundlich Gott ist. Taufe und Abendmahl sind deshalb von besonderer Bedeutung für jeden Christenmenschen und für das Leben der Gemeinde. Sie erinnern uns daran, daß wir von der Freundlichkeit Gottes leben und auf Zeichen dieser Freundlichkeit angewiesen sind.

Das gilt für alle Gemeindeglieder, auch und gerade für Kinder. Die sinnliche Erfahrbarkeit der Sakramente und ihre symbolischen Handlungen kommen ihren Möglichkeiten zum Erleben der Wirklichkeit sehr entgegen. Gespannt erleben sie mit, wie andere Kinder getauft werden. Sie sind ganz bei der Sache, wenn sie im Tauferinnerungsgottesdienst auf das Geschenk der Taufe aufmerksam werden. Und schon sehr früh finden sie Zugang zu dem »Geheimnis des Glaubens«, das vom Abendmahl ausgeht: zur gemeinsamen Feier der Freundlichkeit Gottes.

Dennoch besteht in vielen Gemeinden die Sorge, daß Kinder die ernste Feierlichkeit der Sakramentsfeiern beeinträchtigen könnten. Die Erfahrung zeigt, daß diese Sorge unbegründet ist. Im Gegenteil! Kindgerecht gestaltete Gottesdienste sind vielfach verständlicher, spontaner und nicht zuletzt auch feierlicher als Gottesdienste ohne Kinder. Die Anwesenheit von Kindern eröffnet oft neue Dimensionen von Ernsthaftigkeit und bildet so ein gutes Gegengewicht zu manch unnötiger Steifheit und Starre. So kommen kindgerecht gestaltete Gottesdienste auch den erwachsenen Gemeindegliedern zugute.

Und noch etwas spricht dafür, daß Kinder regelmäßig an Sakramentsgottesdiensten und Tauferinnerungsgottesdiensten teilnehmen. Denn mit der Säuglings- und Kindertaufe verpflichtet sich die Kirche, den Kindern Zugang zu gottesdienstlichen Erfahrungen und insbesondere zu den Sakramenten zu erschließen. Dies geschieht am ehesten dort, wo Kinder zu Sakramentsgottesdiensten eingeladen und an ihnen beteiligt werden. Zum verantwortlichen Umgang mit der Säuglings- und Kindertaufe gehören aber auch regelmäßig angebotene Tauferinnerungsgottesdienste, die den Kindern das Geschenk der Taufe nahebringen können.

Aber was brauchen Kinder, damit sie sich als Kinder Gottes erfahren und die Gemeinde als »familia dei« erleben können? Was kann Kindern helfen, die Freundlichkeit Gottes, die wir im Gottesdienst feiern, zu erfahren? Was gilt es zu bedenken, wenn wir Taufe, Tauferinnerung und Abendmahl kindgerecht feiern wollen?

Zunächst gilt: Kinder erleben die Wirklichkeit ganzheitlich, mit Herzen, Mund und Händen, mit allen Sinnen, mit dem ganzen Körper. Sie erleben nicht nur durch Anschauung, sondern auch durch Aktion und Bewegung. Kindgerechte Gottesdienste leben deshalb vom Wechsel zwischen sinnesorientierten und handlungsbezogenen Elementen. Musik, Bilder und Worte werden abgelöst von Ritualen und Liedern, die die Kinder zum Mitmachen ermuntern.

Dieser Wechsel ist eingebettet in eine Liturgie, die um die Notwendigkeit wiedererkennbarer und nachvollziehbarer Formen weiß. Denn Kinder erleben Wirklichkeit nicht nur im Wechsel von Anschauung und Aktion, sondern auch im Wechsel von Spontaneität und wiederkehrenden Strukturen.

Kindgerechte Liturgie achtet deshalb auf wiederkehrende Elemente, die das Grundgeschehen des Gottesdienstes, die Begegnung zwischen Gott und Mensch in Rede und Antwort, abbilden. Dabei greift sie Zeichen, Handlungen und Worte früherer Generationen auf und entwickelt zugleich neue Formen, die das Wechselspiel von Zusammenkommen und Beten, von Hören und Antworten, von Feiern und Fürbitte, von Segnen und Senden erfahrbar werden lassen.

Kindgerechte Liturgie bemüht sich um eine verständliche Sprache. Bitte und Klage, Lob und Dank nehmen die Erfahrungswelt der Kinder auf. Die Fremdartigkeit und Ungleichzeitigkeit der biblischen Worte wird nicht vorschnell eingeebnet. Biblische und liturgische Texte werden, wenn notwendig, behutsam übertragen. Wiederkehrende Stücke, wie Psalmen oder Kehrverse, helfen den Kindern, sich im Gottesdienst wiederzufinden und ihn mitzugestalten.

Die Verkündigung versucht, die jeweilige biblische Botschaft in Bilder und Zeichen, in Klänge und Worte, in Spiel und Tanz, in symbolische Handlungen und gemeinschaftliche Feiern umzusetzen und so die verändernde Kraft des Glaubens spürbar werden zu lassen.

Kindgerechte Liturgie ist nicht zuletzt gemeinschaftsstiftende Liturgie, die alle Gemeindeglieder mit einbezieht: große und kleine Kinder, Jugendliche und Erwachsene, ungeübte und geübte Kirchgänger, Menschen mit und ohne Behinderungen ... Sie alle sollen erfahren, daß sie Kinder Gottes sind und durch Taufe und Abendmahl zur »familia dei« gehören.

Aus diesem Wunsch heraus ist das vorliegende Buch entstanden. Es will dazu beitragen, daß wir Taufe, Tauferinnerung und Abendmahl mit allen Gemeindegliedern, auch mit Kindern, feiern können. Deshalb bietet es eine bunte Vielfalt von Praxisentwürfen für kindgerechte Tauf- und Tauferinnerungsgottesdienste sowie für Abendmahlsfeiern, bei denen Kinder erwünscht und willkommen sind. Geboten werden ferner Modelle für Kinderkurse zu Taufe, Tauferinnerung und Abendmahl. Außerdem finden sich Anregungen, wie das Thema »Abendmahl mit Kindern« in der Gemeinde aufgegriffen und auf den Weg gebracht werden kann. Schließlich gibt das Literaturverzeichnis eine Fülle von Hinweisen für die Praxis.

Kinder können uns auf die Spur bringen, die Freundlichkeit Gottes bewußt zu erleben.

Die dreijährige Esther begleitet ihre Großmutter zum Abendmahl bei einer Konfirmation von Jugendlichen mit geistigen Behinderungen. Die Oma nimmt sie bei der Hand und geht mit ihr zum Altar. Esther wird nicht zurückgewiesen, sondern darf, wie ihre Großmutter, ein Stück Brot essen und einen Schluck Traubensaft aus dem Kelch trinken. Zurück in der Kirchenbank legt sie ihre Stirn in Falten und fragt dann: »Oma, bist du jetzt anders?«

TAUFE UND TAUFERINNERUNG

Mit Kindern Taufe und Tauferinnerung feiern

Eine Einführung
Monika Renninger

Zur Ausgangssituation der vorliegenden Entwürfe

Die vorliegende Sammlung von Gottesdienstentwürfen zur Feier der Sakramente im Gottesdienst mit Kindern enthält zahlreiche Anregungen zur Taufe wie auch zur Feier der Tauferinnerung.

Als Täuflinge stehen dabei Kinder und Jugendliche im Mittelpunkt, vom Kleinkind bis hin zu 14jährigen Konfirmandinnen und Konfirmanden. Schon die Bandbreite in den Altersstufen der Täuflinge macht deutlich, daß sich die Entscheidung zur Kindertaufe, wie sie im volkskirchlichen Milieu üblich ist, nicht mehr als ganz so selbstverständlich darstellt wie noch vor einigen Jahren. Zunehmend entscheiden sich Eltern dafür, ihre Kinder in einem Alter taufen zu lassen, in dem sie ihre Taufe verständiger und bewußter wahrnehmen, oder bis zur Entscheidung des Kindes für den Konfirmationsunterricht zu warten.

Kinder taufen

Diese Entscheidung hat Anhalt in der Taufpraxis der frühen Kirche: In den ersten Gemeinden war die Erwachsenentaufe als gängige Praxis bis ins 5. und 6. Jahrhundert hinein üblich. Die Verbreitung und schließliche Durchsetzung der Säuglingstaufe ist nicht auf eine unmittelbare Verankerung im Neuen Testament zurückzuführen, sondern wird theologisch abgeleitet.

Auf diese Entwicklung nimmt die sich allmählich ausdifferenzierende Lehre von der Erbsünde entscheidenden Einfluß: Der Herrschaftswechsel, den die Taufe dokumentiert – Gott ergreift vom Täufling Besitz, deshalb gilt die Taufe als Versiegelung mit dem Heiligen Geist –, muß sofort nach der Geburt stattfinden, um das Heil der Säuglinge nicht zu gefährden. Die mit diesem Herrschaftswechsel verbundenen Schritte der persönlichen Umkehr und der Buße treten in den Hintergrund, das ausführliche Taufkatechumenat verliert an Bedeutung und wird erst durch den lutherischen Katechismus wieder an zentrale Stelle gerückt.

Jedoch fördern nicht nur theologische Überlegungen die Entwicklung hin zur Praxis der Kindertaufe, auch die konstantinische Wende tut das ihre dazu: Die werdende Staatskirche braucht ein Zeichen der Zugehörigkeit zur Kirche und findet dieses in der Taufe. Dieser Charakter der Taufe ist uns in der rechtlichen Stellung der Taufe als Voraussetzung für Kirchenmitgliedschaft erhalten geblieben.

Taufe ist: Gottes Heil am eigenen Leib erfahren

Das Neue Testament spiegelt die Taufpraxis der ersten Gemeinden wieder: Die Gemeinde tauft diejenigen, die von nun an zu Gott und zur Gemeinde gehören. Eine Stiftung der Taufe durch Jesus kann anhand der neutestamentlichen Quellen nicht gezeigt werde. Vielmehr wird deutlich, wie sich das Verständnis der Taufe allmählich entwickelt.

Sie gilt zum einen als Teilhabe am eschatologischen Heilsgeschehen, also als Teilhabe am Sterben und Auferstehen Jesu Christi. Damit vollziehen die Glaubenden am eigenen Leib die Spannung vom Leben im Neuen Sein und zugleich im Noch-Nicht nach. Die Taufe ist somit Beginn eines Weges, den die Christinnen und Christen gehen. Dieser Wegcharakter – denn nur als Christenmenschen, die auf dem Weg sind, können wir diese Spannung leben – kommt vor allem auch im Mitfeiern der Tauferinnerung zum Ausdruck.

Zum anderen gilt die Taufe als Eintrittsritus in die Gemeinde. Mit der Taufe wird das Heilsgeschehen am eigenen Leib vergegenwärtigt: Die Taufe mit dem Geist Gottes soll sich unterscheiden von der Bußtaufe und den Reinigungsriten Johannes des Täufers und der weiteren jüdischen Umwelt. Denn in der Umwelt der ersten Gemeinden spielen das Tauchbad und die damit verbundenen Rituale eine zentrale Rolle im religiösen Leben, zum Beispiel in Qumran oder bei der Aufnahme von Proselyten in das jüdische Volk.

In den Christengemeinden gilt die Taufe als Zeichen des einmaligen Heilsgeschehens, nicht als wiederholbares und immer wieder zu erinnerndes Ritual. Dies wird unter anderem deutlich in dem im Römerbrief überlieferten Taufbekenntnis: »Denn wenn du mit deinem Munde bekennst, daß Jesus der Herr ist, und in deinem Herzen glaubst, daß ihn Gott von den Toten auferweckt hat, so wirst du gerettet.« (Röm 10,9). In den paulinischen Gemeinden wird die Taufe aller Christen als selbstverständlich vorausgesetzt. Dies läßt sich aus Hinweisen wie in 1 Kor 12,13 schließen: »Denn wir sind durch einen Geist alle zu einem Leib getauft, wir seien Juden oder Griechen, Sklaven oder Freie, und sind alle mit einem Geist getränkt.«

Taufe ist: Einleibung in den Leib Christi

In der Taufe erfährt der und die Einzelne die Einleibung in den Leib Christi: Teilhabe an der rettenden Liebe Gottes für uns durch Jesus Christus und Aufnahme in die Gemeinschaft des Leibes Christi als seine Gemeinde, die auf dem Weg auf Erden ist. In der Aufnahme in die Gemeinde werden alle gesellschaftlichen und kulturellen Grenzen und Einschränkungen durchbrochen: Die sich in bedingungsloser, sich erbarmender Liebe zeigende Annahme der Person des und der Einzelnen gilt nicht nur bei Gott, sondern auch bei denen, die sich zu diesem Gott halten.

Taufe ist: Gnadenmittel

Die Einleibung in den Leib Christi als Teilhabe an Gottes Liebe und die Aufnahme in die Gemeinde sind und bleiben die beiden theologischen Bezugspunkte für das Sakrament der Taufe.

Im Laufe der Dogmengeschichte werden diese Bezugspunkte bisweilen fast überlagert von hochdifferenzierten dogmatischen Debatten. Da wird gestritten um die Bedeutung der Würdigkeit des Taufenden für den Vollzug des Sakraments und die dazu entwickelte scholastische Sakramentslehre des opus operatum. Es wird nach der Bedeutung des Glaubens für den Taufakt gefragt; ebenso nach der Wirkkraft der Symbole Wasser und Handauflegung. Und immer wieder lebt die Debatte um die Frage der Kindertaufe auf. Konzentrieren wir uns an dieser Stelle darauf, dem lutherischen Verständnis der Taufe nachzugehen: Luther versteht die Taufe als Gnadenmittel, als Zeichen und Besiegelung der von Gott gewirkten Erlösung. Sie richtet über dem Leben der Getauften das Gnadenzeichen auf und vergewissert sie seines Heils. In der Taufe wird deutlich, welche Gerechtigkeit uns Gott zurechnet. Diese findet ihren klarsten Ausdruck in der Kindertaufe, in der das Ja Gottes und der Zuspruch von Gottes Liebe an den und die Einzelne allem menschlichen Verstehen und Handeln vorauseilt. Insofern ist die Taufe primär Gottes Zusage an uns und erst daraufhin unser Bekenntnis. Die Taufe ist auf den persönlichen Glauben des und der Einzelnen ausgerichtet, aber: »Mein Glaube macht nicht die Taufe, sondern empfängt die Taufe.« (Luther, Großer Katechismus). Deshalb drängt der Heilige Geist, der mit der Einleibung in Christus verliehen wird, selbst zu dieser persönlichen Aneignung und zum täglichen »Ausglauben« der Taufe. So wird das Kind nicht nur äußerlich in die Kirche als Mitglied aufgenommen, sondern auch eingeleibt in den Leib Christi.

Taufgeleit: Das Patenamt und der Auftrag der Gemeinde

Damit ein Kind in seine Taufe hineinwachsen und es zu dieser persönlichen Aneignung kommen kann, braucht es Begleitung auf dem Weg des Glaubens. Dabei kommt den Eltern und PatInnen eine entscheidende Rolle zu, ebenso wie der Gemeinde. Das Katechumenat im »Elternhaus« – in welcher Lebensform auch immer dieses existiert – und das Katechumenat der Gemeinde sollen sich gegenseitig unterstützen und aufeinander beziehen. Die

Gemeinde bietet Begleitung in vielfältigen Formen des Gemeindelebens an. Die Bandbreite reicht von Gottesdiensten für Familien mit Kleinkindern über Eltern-Kind-Gruppen, Tauferinnerungsgottesdienste, Kindergottesdienst, Kinderbibeltage, Kindergruppen und Religionsunterricht bis hin zum Konfirmandenunterricht.

Daneben brauchen Kinder jedoch auch Menschen, die ihnen in einer ganz persönlichen Beziehung zur Freundin und zum Weggefährten werden, wenn sie nach Gott zu fragen beginnen. Die in der Taufe zugesprochene Annahme durch Gott soll sich nicht nur in der Annahme durch die Gemeinde widerspiegeln, sondern auch in der persönlichen Liebe und Wertschätzung, die sie erfahren. Diese persönliche Zuwendung auf dem Weg des Glaubens schenken die Eltern und PatInnen. PatInnen sind sowohl dem Kind als auch den Eltern zur Seite gestellt beim Hineinwachsen eines Kindes in seine Taufe. Es ist deshalb von entscheidender Bedeutung, das Patenamt als ausdrücklich kirchliches Amt zurückzugewinnen. Großzügige Regelungen wie die in vielen Gemeinden praktizierte, daß auch Pate oder Patin werden kann, wer nicht zur Kirche gehört, tragen dazu bei, daß das Patenamt reduziert wird auf eine − unbestritten wichtige − Beziehungsaufgabe, die jede und jeder wahrnehmen kann, der oder die in die Verwandschafts- oder Freundschaftsbeziehungen der Tauffamilie paßt.

Das Patenamt ist jedoch die Beauftragung durch die Gemeinde: In der besonderen Beziehung zum Patenkind sollen Pate und Patin diesem Kind zum Weggefährten und zur Mitgehenden werden auf dem Weg des Glaubens. Auf die Befähigung zu diesem Amt zielt die Konfirmation ab − und wäre von daher ausdrücklicher zu bestimmen. Eine deutlichere Orientierung des Konfirmandenunterrichts als Hinführung auf ein mündiges Christsein, das mit der Konfirmation unter anderem auch im Patenamt verantwortet wird, müßte die mancherorts noch starke Fixierung auf die Konfirmation als Zulassung zum Abendmahl ablösen. Denn die Teilnahme am Abendmahl ist theologisch nicht an ein bestimmtes Alter gebunden, an intellektuelle Stärke oder moralische Reife, sondern an die Taufe: Zur Teilhabe und Teilnahme am Leib Christi gehört auch die Stärkung und Wegzehrung, die wir am Tisch Gottes spüren und schmecken sollen. Wenn die Taufe Einleibung in den Leib Christi bedeutet, dann müssen alle, die diese Einleibung erfahren haben, am Mahl teilhaben dürfen, in dem sich die Gemeinde vergewissert, daß sie Leib Christi ist.

Das Taufgeschehen

Zum Taufakt gehören die trinitarische Taufformel und die Zeichenhandlung. Dazu kommen die beiden Fragen an Eltern und PatInnen nach der öffentlichen Bekundung des Taufwunschs und dem Willen zur Begleitung im Glauben sowie die biblische Lesung des sogenannten Taufbefehls. Die weitere liturgische Gestaltung des Taufgeschehens hat hingegen eine so bewegte

Geschichte, daß weitere Schriftlesungen und Symbolhandlungen Ergebnisse eines Traditionsprozesses und einer Konsensbildung sind – in der VELKD gibt es eine einheitliche Taufordung erst seit 1961 –, die immer wieder neu bedacht werden müssen.

Symbole im Taufgeschehen und in der Tauferinnerung

Die in diesem Buch vorliegenden Entwürfe nehmen auf unterschiedliche Aspekte, Symbole und Zeichenhandlungen in der Taufe Bezug.
Wasser ist das zentrale Symbol im Taufgeschehen. Dabei werden die verschiedenen Konnotationen von Wasser-Erfahrungen, vermittelt in biblischen Erzählungen, zur Sprache gebracht (durststillend, gefährdend, reinigend). Manche Entwürfe behalten dieses Symbol auch für die Feier der Tauferinnerung bei. Dabei ist zu betonen, daß das Kreuzzeichen, mit Wasser auf die Stirn gezeichnet, die Zeichenhandlung des mit Wasser-Getauftwerdens nicht verdrängen oder gar ersetzen will.
Vor allem die *Tauferinnerungs-Kerze*, die bei der Taufe mitgegeben wird, ist Zeichen des Taufgeleits, nicht der Taufe selbst, wenn auch in vielen Taufansprachen die – biblische – Lichtsymbolik ergänzend zum Symbol Wasser hinzutritt.
Daneben findet sich in einigen Entwürfen die Erklärung der Taufe anhand des Stichwortes *Name* (Eigenname, Familienname, auf Gottes Namen getauft werden) und rückt so das Angenommensein der Person des Täuflings in den Mittelpunkt.
Mit dem Begriff *Bund* wird die vorauseilende Zusage Gottes und die dann folgende Antwort des Menschen in der Taufe zum Gegenstand des Nachdenkens.
Deutungen des Taufgeschehens mit Hilfe von vertrauten Alltagsgegenständen wie Schuhen oder Verschränkungen mit aus der Kinderliteratur bekannten Erzählungen versuchen, dicht an die Erfahrungs- und Erlebniswelt von Kindern heranzugehen. Symbolische Handlungen wie die Salbung oder das Ankleiden mit einem Taufkleid oder Tauferinnerungstuch greifen Elemente aus der Liturgiegeschichte auf. Sie führen das »Am eigenen Leib Erfahren« weiter und ergänzen den Taufakt um Zeichenhandlungen, die im Vollzug der Erinnerung an die Taufe wieder aufgegriffen werden können, während der Taufakt selbst unwiederholbar bleibt.

Tauferinnerung

In der soeben skizzierten und im weiteren nachzulesenden Vielfalt wird die Suche nach katechetisch-liturgischen Möglichkeiten aus der Tradition sichtbar. Hier soll nicht die Taufhandlung in ihrer Bedeutung geschwächt oder gar verdrängt werden. Vielmehr kommt mit ihnen die Bedeutung der Tauferinnerung stärker in den Blick. Denn lebendige Erinnerung schöpft aus einem lebendigen Umgang mit Zeugnissen aus der Tradition wie mit Alltagserfahrungen, in denen das aufleben kann, was im Taufakt zugesprochen wird: daß wir teilhaben an der rettenden Liebe Christi und eingebunden sind in den Leib Christi.

Dieser Zuspruch soll spürbar und sichtbar werden, wenn wir täglich zu unserer Taufe »zurückkriechen« (Luther). Deshalb darf und muß das Taufgeleit bunt und vielfältig und mit Händen, Augen und Ohren zu fassen sein. Gottesdienstliche Anregungen zu solchem Taufgeleit werden in den nachfolgenden Entwürfen entfaltet. Tauferinnerung kann ein sehr persönlicher, ermutigender Zuspruch sein, durch den auch Erneuerung möglich ist: Ich lasse mir Gottes Ja zusprechen und mache mich selbst wiederum auf, dieses Ja mit meinen eigenen Antworten nachzubuchstabieren. So gehen wir bewußt in die Spannung vom Leben im Neuen Sein und vom Leben im Noch-Nicht, wir haben teil an dem, was kommt, und leben mit anderen zusammen das, was jetzt schon ist. Auf diese Weise lernen wir – die einst unverständigen Täuflinge – zusammen mit den Kindern, die getauft werden und die sich mit uns an ihre Taufe erinnern, getröstet und herausgefordert sagen: »Ich bin getauft.«

... *und segnete sie*

Ein Taufgottesdienst im Grünen
Georg Ottmar

Vorüberlegungen

Der vorliegende Taufgottesdienst geht auf den Wunsch der Taufeltern zurück, ihre Kinder im Kindergottesdienst, der von den älteren Geschwistern der Täuflinge regelmäßig besucht wird, taufen zu lassen. Ich war von diesem Wunsch zwar sehr angetan, meldete aber auch meine Bedenken an: Ist es wirklich wünschenswert, Kinder im Kindergottesdienst zu taufen? Sollten Taufen nicht im Gottesdienst der ganzen Gemeinde stattfinden?

Diese Überlegungen führten dazu, daß wir als Tauftermin den letzten Sonntag vor den Sommerferien wählten, an dem das traditionelle Sommerfest des Kindergottesdienstes stattfindet. Der Gottesdienst, der dieses Fest eröffnet, wurde als »Gottesdienst für die ganze Gemeinde« gefeiert, zu dem alle Gemeindeglieder eingeladen wurden.

Für den Taufgottesdienst »im Grünen« habe ich mich von der Überlegung leiten lassen, daß schon die Taufen der frühen Gemeinden unter freiem Himmel stattgefunden haben – genauso wie die Kindersegnung, die ich als Leitidee für den Gottesdienst wählte.

Ablauf des Gottesdienstes

Begrüßung und Votum

Ich darf Sie alle und Euch alle heute morgen sehr herzlich begrüßen. Wir feiern Gottesdienst – und feiern dabei gleich drei Feste: das Sommerfest der Kinderkirche, das Tauffest für Caetano F. und das Tauffest für Marcel K.
Jede Taufe ist Gottes Zeichen dafür, daß er uns liebt,
daß Gott uns begleitet und uns gut ist.
Deshalb feiern wir diesen Gottesdienst
im Namen Gottes des Vaters,
der die Liebe ist,
im Namen seines Sohnes Jesus Christus,
der uns liebt,
und im Namen des Heiligen Geistes,
der uns hilft, einander zu lieben. Amen.

Lied   *Ja, Gott hat alle Kinder lieb (LJ 572)*

Nach dem ersten Vers werden die Namen der Täuflinge genannt; nach den weiteren Versen die Namen von jeweils 5-6 Kindern.

Hinführung zum Psalmgebet

Gott kennt uns. Er kennt alle unsre Namen.
Er kennt uns, weil er uns erschaffen hat.
Mehr noch: Er hat die ganze Welt erschaffen.
Davon hören wir in dem Psalmgebet, das wir jetzt miteinander sprechen.

Psalmgebet nach Psalm 8   *Wunderbare Welt*
(EG Württemberg 766; Sagt Gott S.19)

Erzählung   *Die Geschichte von Mirijam*

Mit Mirijam versetzen wir uns nach Israel, in die Zeit, in der Jesus gelebt hat. Mirijam ist ein Mädchen von sechs Jahren. Sie spielt vor dem Haus. Mit einem Ast malt sie Bilder in den sandigen Boden. Das ist ihre Lieblingsbeschäftigung. Aber heute ist Mirijam sauer. Sie schimpft vor sich hin: »Immer sagt die Mama, ich bin zu klein. Nie darf ich dabei sein!«
Mirijam denkt an die Mutter und die große Schwester – an den Teig, den sie kneten, an das Brot, das sie backen im Backofen hinter dem Haus.
»Du bist zu klein, dich können wir jetzt nicht gebrauchen.« Mit diesen Worten haben sie Mirijam auf die Straße geschickt.
Plötzlich hört Mirijam Stimmen, Frauen- und Kinderstimmen. Es werden immer mehr. Was ist da los? Wer ist unterwegs? Es ist doch noch gar nicht Zeit zum Wasserholen am Brunnen!
Eine ganze Gruppe von Frauen und Kindern kommt. Mirijam kennt einige.
»Komm doch mit,« rufen die Kinder.
»Wohin geht ihr denn?«, will Mirijam wissen.
»Wir gehen zu Jesus.«- »Noch nichts von ihm gehört?« – »Er kann tolle Geschichten erzählen.« – »Er kennt Gott wie ein Sohn seinen Vater kennt.« – »Er hat Blinde und Lahme gesund gemacht.« – »Er hat Kraft von Gott.«
Das sind ja merkwürdige Antworten. Mirijam denkt bei sich: Den will ich auch sehen. Sie geht mit den anderen mit, obwohl sie sich am Anfang ein bißchen komisch vorkommt. Denn die anderen Kinder haben sich schön gemacht für diesen Jesus: haben die Haare gekämmt, Hände und Gesicht gewaschen, saubere Kleidung angezogen.

Die Frauen und Kinder kommen zum Brunnen am Marktplatz. Dort, unter einem großen Baum, steht Jesus. Viele Leute umringen ihn und hören ihm zu.
»Laßt uns zu Jesus!«, rufen einige Frauen. »Er soll unsere Kinder segnen.« Sie wollen sich durch die Menschenmenge nach vorne drängeln.
Aber zwei Männer, Jünger Jesu, halten sie zurück. »Seid leise! Ihr stört!« Und zu den Kindern sagen sie: »Geht weg! Ihr seid noch zu klein! Ihr versteht sowieso nicht, was Jesus sagt!«

Enttäuscht wollen die Frauen umkehren. Auch die Kinder wissen nicht, was sie tun sollen. Da hören sie eine Stimme. Es ist Jesus, der zu ihnen herüberruft: »Laßt die Kinder zu mir kommen! Steht ihnen nicht im Weg! Ich bin für alle da! So, wie Gott für alle da ist!«
Jesus geht den Kindern entgegen. Mirijam ist ganz in seiner Nähe. Jesus geht auf sie zu. Er legt seine Hände auf ihren Kopf. »Wie heißt du?« – »Mirijam.«- »Wie meine Mutter«, sagt Jesus mit einem Lachen in den Augen. »Mirijam, ich segne dich im Namen Gottes. Er will dir ein guter Freund sein. Er ist immer für dich da.« Dann umarmt er sie. Und so, wie er Mirijam gesegnet hat, segnet Jesus jedes einzelne Kind.

Erst jetzt fällt Mirijam ein, daß ihre Haare ungekämmt und ihre Hände schmutzig sind. Das hat Jesus nichts ausgemacht, denkt sie. Zu ihm darf ich so kommen, wie ich bin.
Die Jünger Jesu verstehen nicht, was Jesus tut. Da wendet sich Jesus an sie und sagt: »Gott ist für alle Menschen da. Vor allem für die, auf die niemand achtet. Für die, die zur Seite geschoben werden, weil sie stören. Sie sind es, die bei Gott besonders geachtet werden. Und wer auf Gottes neue Welt nicht neugierig und unbefangen zugeht wie ein Kind, wird nicht hineinkommen.«

Später geht Mirijam mit den anderen Kindern nach Hause. Die Mutter und die Schwester haben mittlerweile Brot gebacken und den Tisch gedeckt. Mirijam ist nicht mehr sauer. Sie ist froh. Sie denkt: »Für Jesus und für den lieben Gott – für die bin ich nicht zu klein.«
Erzählidee nach Regine Schindler, Wer ist dieser Jesus?, Lahr 1988, S. 65ff.

Zwischenmusik oder Lied   *Hallelu', Hallelu' (LJ 389, MKL 49)*

Aktion   *zum Symbol »Hand«*

Liturgln: In der Erzählung von Mirijam haben die Hände Jesu eine wichtige Rolle gespielt. Er hat ihr die Hände auf den Kopf gelegt und sie gesegnet. Mirijam hat dadurch gespürt: »Jesus ist gut zu mir. Zu ihm darf ich kommen, wie ich bin. Ich kann ihm vertrauen.«
Mit unseren Händen können wir also Gutes tun – wie beim Segnen. Wir können aber auch Schaden mit ihnen anrichten.

Liturgin zeigt entsprechende Handbewegungen, die erraten werden sollen: geben und nehmen, teilen und festhalten, schlagen und streicheln, einladen und zurückweisen ... Auch die Kinder bekommen die Möglichkeit, Handbewegungen zu zeigen und erraten zu lassen.

Auch bei der Taufe spielen die Hände eine große Rolle. Der oder die Taufende schöpft mit den Händen Wasser aus der Taufschale und gießt es über den Kopf der Täuflinge. Dann werden die Täuflinge gesegnet, indem der oder die Taufende ihnen die Hand auf den Kopf legt und ein Segenswort für sie spricht. Alle diese Handbewegungen zeigen: Gott meint es gut mit dir. Du kannst ihm vertrauen. Er will dich in aller Gefahr beschützen und bewahren.

Lied *Aus Gottes guten Händen kommt Zeit und Ewigkeit (EG Württemberg 646, LJ 478)*
oder:
Kanon *Gottes Hand hält uns fest wie ein Vogel im Nest (LJ 537, MKL 12)*

Aktion *Schmücken des Taufsteins*

Kinder schmücken den improvisierten Taufstein (ein einfaches Holzgestell) mit einem schönen Tuch, bringen Taufschale und -kanne, legen einen Kranz mit Sommerblumen um die Taufschale und gießen Wasser ins Taufbecken.

Gespräch *zum Symbol Wasser*

LiturgIn: Früher fand die Taufe an einem Fluß statt oder in einem See. Die meisten Täuflinge waren keine kleinen Kinder, so wie heute, sondern erwachsene Menschen. Weil unsere Täuflinge klein sind, benutzen wir bei der Taufe nur wenig Wasser. Aber die erwachsenen Täuflinge früher wurden ganz unters Wasser getaucht. Und dann, wenn sie wieder aufgetaucht sind, konnten sie tief Luft holen und sagen: Jetzt sind wir getauft. Das kennt ihr Kinder vielleicht vom Freibad: Wie ist das, wenn man untergetaucht wird?
Mögliche Kinderantworten: Man kriegt keine Luft mehr; man kriegt Angst ...
LiturgIn: Solche Angst gehört zu unserem Leben. Denn das Leben ist leider nicht nur schön. Manchmal erleben wir auch Böses. Jemand ist gemein zu uns ...

Die Kinder werden gebeten, ihre Erfahrungen einzubringen.

Mögliche Kinderantworten: Jemand schimpft mit mir. Jemand nimmt mir etwas weg. Jemand ist beleidigt und spricht nicht mehr mit mir ...
LiturgIn: Dann geht es uns, wie wenn wir untergetaucht werden: Wir kriegen Angst. Wir können uns nicht wehren. Aber Gott will nicht, daß wir uns vor irgendetwas Bösem fürchten müsssen. Deshalb werden wir getauft. Das ist, wie wenn wir aus dem Wasser gezogen werden, Luft holen können und spüren: Gott sei Dank! Wir sind am Leben! Nichts Böses kann uns etwas anhaben.

Zur Veranschaulichung kann an die Handbewegungen erinnert werden, die bei der Aktion zum Symbol Hand gezeigt wurden.

LiturgIn: Wozu kann man Wasser noch benutzen?
Mögliche Kinderantwort: Zum Trinken.
LiturgIn: Ja, Wasser ist zum Trinken da. Ohne Wasser, ohne Trinken würden wir austrocknen und zugrundegehen. Auch dafür ist die Taufe ein Zeichen: Daß wir Gott genauso wie das Wasser zum Leben brauchen.

Überleitung und gemeinsames Glaubensbekenntnis

Taufbefehl

Die ersten Christinnen und Christen haben einander oft erzählt, wie Jesus die Kinder gesegnet hat. Und sie haben sich an den Auftrag erinnert, den

Jesus ihnen nach seinem Tod und seiner Auferstehung gegeben hat:
Mir ist gegeben alle Macht im Himmel und auf Erden.
Darum geht zu allen Völkern und
macht die Menschen zu meinen Jüngern und Jüngerinnen.
Tauft sie im Namen des Vaters und des Sohnes und des heiligen Geistes
und gebt ihnen all das weiter, was ich euch von Gott erzählt habe.
Und seid gewiß: Ich bin bei euch alle Tage bis an der Welt Ende.

Weil Jesus uns den Auftrag dazu gegeben hat,
deshalb taufen wir.
Weil er die Kinder gesegnet hat,
deshalb sprechen wir bei der Taufe einen Segen über die Kinder.
Und die Eltern und Paten sagen Ja zu der Aufgabe,
daß wir den Kindern weitergeben, was Jesus von Gott erzählt hat.

Erklärung der Taufformel

LiturgIn fragt die Eltern: Welchen Namen habt ihr Eurem Kind gegeben?
Was bedeutet dieser Name?
Dies sollte im Taufgespräch vorbereitet werden.
Eltern antworten.
LiturgIn: Jedes Kind hat einen Vornamen und einen Nachnamen. Der Nachname ist wichtig, damit man weiß, zu welcher Familie das Kind gehört. In der Taufe nun bekommen die Kinder sozusagen einen zweiten Nachnamen: »Kind Gottes« heißt dieser Name. Denn wir taufen die Kinder auf den Namen Gottes. Damit sagen wir also: Sie gehören zur Familie Gottes. Gott ist den Kindern Vater und Mutter. Und wir sind ihre Geschwister.

Lied   *Kind, du bist uns anvertraut (EG Württemberg 582, 1-3, LJ 401)*

Tauffragen

Taufhandlung   *Taufe – Segen – Taufspruch – Patenbriefe*

Lied   *Vergiß es nie (Die Fontäne in blau, Stuttgart 1994, S. 346f.)*

Kurzes Dankgebet

Gebetsanliegen werden zuvor von den Kindern erfragt

Vaterunser

Kollekte einsammeln

Segen

Ein kleiner Tropfen soll uns erinnern

Gottesdienst für kleine Kinder und ihre Familien mit Taufe

Ralf Horndasch, Angelika Reimann-Hafner,
Manfred Wacker

Vorüberlegungen

Seit 1993 feiern wir »Gottesdienste für kleine Kinder und Ihre Familien« (in anderen Gemeinden auch Krabbelgottesdienste genannt).

Eine Familie, die mit ihrer zweijährigen Tochter immer wieder an diesen Gottesdiensten teilnahm, fragte uns, ob sie ihre Tochter in solch einem Gottesdienst taufen lassen könnte. Das Mädchen und die Eltern fühlten sich bei dieser Art, Gottesdienst zu feiern, sehr wohl und wollten deshalb auch die Tauffeier so gestaltet wissen. Die Eltern arbeiteten an der Vorbereitung mit und übernahmen die musikalische Gestaltung des Gottesdienstes.

Diese Anfrage führte im Vorbereitungsteam zu einer Diskussion über die Frage, wie wir in angemessener Form für kleine Kinder eine Tauffeier gestalten können. Was ist unverzichtbar an liturgischen Stücken? Welches Symbol kann für Kinder eine Brücke zum Verstehen des Taufgeschehens sein?

Wir entschieden uns für das Symbol Wasser. Dabei wollten wir die Kinder auch insofern in das Taufgeschehen miteinbeziehen, als sie beispielsweise das Taufwasser zum Taufbecken bringen durften. Die Kinder sind zugleich Teil der Gemeinde, in die hinein ein Kind getauft wird. Taufe geschieht in einer Gemeinschaft von Menschen und in eine solche Gemeinschaft hinein. Johanna, die getauft werden sollte, steht in der Gemeinschaft mit anderen Kindern, von denen die meisten ebenfalls getauft sind. Symbolisch sollte dies dadurch zum Ausdruck gebracht werden, daß die Kinder den Täufling bei der Taufe in ihre Mitte nahmen.

Wir verstehen unsere Gottesdienste als den Versuch, Glaubensaussagen, biblische Texte und Wahrheiten zu elementarisieren, um sie so Kindern begreifbar zu machen. Wie sieht es aber aus bei festen liturgischen Stücken, wie z. B. dem Glaubensbekenntnis? Hat es in solch einem elementarisierenden Gottesdienst überhaupt einen Platz?

In diesem Punkt waren uns in der Vorbereitung folgende Punkte in unserer Überlegung wichtig:

Das Glaubensbekenntnis könnte im Gottesdienst vorkommen als ein Text, der nur für die Erwachsenen da ist. Kinder müssen nicht unbedingt jedes Wort verstehen. Sie erleben dann mit, daß die Erwachsenen gemeinsam einen offenbar wichtigen Text sprechen.

Stehen die Kinder als die primäre Zielgruppe im Blick, ist jeweils zu fragen, was sie verstehen und nachvollziehen können. Aus diesem Grund und der jeweiligen Gottesdienstlänge von einer halben Stunde, die wir auch dieses Mal nicht überschreiten wollten, entschieden wir uns dafür, das Glaubensbekenntnis wegzulassen.

Durch einige hinführende Gedanken zur Taufe und die Aktion des gemeinsamen Wasserholens versuchten wir, etwas von der Verbundenheit durch die Taufe und den gemeinsamen Glauben zum Ausdruck zu bringen.

Ebenso verzichteten wir auf die Schriftlesungen zur Taufe.

Anders entschieden wir uns bei den Tauffragen. Sie waren uns – auch im Blick auf Eltern und Paten – unverzichtbar und blieben somit Bestandteil der Liturgie.

Die Wassersymbolik griffen wir auch in einem Symbol auf. Johanna bekam als Erinnerung an ihre Taufe außer der Taufkerze (die sie selbst verziert hatte) einen Wassertropfen aus Glas.

Nach der Taufe sprachen Eltern und Patinnen die Strophen des Liedes »Segne dieses Kind« (LJ 414). Dies war Wunsch der Familie.

Wir wollten die Taufe zugleich als Tauferinnerung für die anderen Kinder feiern. Im Miterleben sollten die anderen Kinder an ihre eigene Taufe erinnert werden und ihnen sollte wie Johanna noch einmal zugesagt werden: Gott hat dich lieb.

Um dies zu verdeutlichen, entschieden wir uns für folgenden Gottesdienstteil, der lange diskutiert wurde. Die Kinder bildeten einen großen Kreis vor dem Altar. Jedes Kind bekam einen Glaswassertropfen wie Johanna. Eine Mitarbeiterin trug die Taufschale und jedes Kind bekam mit Wasser ein Kreuzeszeichen auf die Stirn gezeichnet, verbunden mit den Worten: Gott hat dich lieb. Wichtig war uns dabei, daß nicht der Eindruck entsteht, es handle sich um eine Taufe. Doch die Zusage der Taufe sollte für alle noch einmal spürbar werden.

Im Rückblick auf den Gottesdienst gehörte dieser Teil für alle zu den dichtesten Teilen. In den Rückmeldungen der Eltern und bei unseren eigenen Kindern erlebten wir, daß das Symbol des Wassertropfens für die Kinder einen hohen Erinnerungswert hatte. Vielen Kindern war nach dem Gottesdienst »klar«: Der Wassertropfen sollte sagen: Ich bin getauft. Gott hat mich lieb. Die Tauferinnerung wurde von keinem der Kinder für eine Taufe gehalten.

Ablauf des Gottesdienstes

Begrüßung

Herzlich willkommen hier in der Wolfbuschkirche. Herzlich willkommen, liebe Kinder, die ihr heute gekommen seid – mit euren Eltern und Großeltern, Geschwistern und wen ihr alles mitgebracht habt. Ein Kind heiße ich besonders willkommen. Das ist Johanna. Johanna, du wirst heute in diesem Gottesdienst getauft. Wir freuen uns, daß du da bist. Und alle Kinder feiern heute mit dir das Fest Deiner Taufe. Die Johanna darf aufstehen und sich uns allen zeigen. Und wir anderen klatschen alle einmal für dich, Johanna!

Vorspiel *mit Flöte, Geige und Fagott*
(Eltern, Freunde oder Familie, Patinnen)

Lied *Willkommen in der Kirche*
(Willkommen in unserer Kirche, hg. v. Alma Grüßhaber u. Gerhard Martin, Stuttgart 1995, S. 10)

Gebet

Gott, du kennst mich und verstehst mich.
Ob ich zu Hause bin oder woanders –
immer bist Du bei mir
und gibst auf mich acht.
Danke dafür! Amen.

Hinführende Gedanken zur Taufe

Viele Kinder und Erwachsene sind heute hier in der Kirche, um mit Johanna zusammen ihre Taufe zu feiern. Wir freuen uns mit Johanna, daß sie getauft wird.
Gott sagt Ja zu Johanna und zu allen Menschen. Das wollen wir feiern.
Hier vorne ist der Taufstein unserer Kirche. Darauf steht die Taufschale. Eines aber fehlt noch, damit Johanna getauft werden kann. Das Wasser. Dabei könnt ihr Kinder mir jetzt helfen. Ihr dürft für Johannas Taufe das Wasser holen.
Wir gehören bei Gott alle zusammen, die Großen und die Kleinen. Und Johanna soll auch dazu gehören. Helft ihr, das Taufwasser hierher zu bringen?
Dann dürfen nun alle Kinder nach hinten gehen. Dort steht auf der letzten Bank eine große Tonschüssel mit Wasser, und Frau H. wird euch das Wasser in kleine Becher einfüllen, damit ihr es zu mir nach vorne bringen könnt.

Kinder gießen Wasser ins Taufbecken

Die Kinder holen das Taufwasser mit kleinen Zinnbechern aus einer Tonschüssel am Eingang und tragen es nach vorne zum Taufbecken. Die Kinder werden dort in Empfang genommen, und das Wasser wird in die Taufschale geschüttet.

Jetzt habt ihr Kinder das Wasser hierher zum Taufstein geholt, damit wir Johanna taufen können. Wenn wir Johanna taufen, dann soll das heißen: Gott hat dich lieb, Johanna, und begleitet dich.
Ich werde mit dem Wasser dreimal ein kleines Kreuz auf Johannas Kopf zeichnen.

Tauffragen

Die Eltern und die Patinnen von Johanna sind mit Johanna hierher gekommen. Sie wollen, daß Johanna getauft wird.
So frage ich jetzt Euch Eltern und Sie, liebe Patinnen: Möchtet ihr, daß Johanna heute in die Liebe Gottes hineingetauft wird im Namen Gottes des Vaters und des Sohnes und des Heiligen Geistes?
Dann antwortet: Ja, ich will!
Und möchtet ihr für Johanna – soweit es in eurer Macht steht – ein Zeichen für die Freundlichkeit Gottes sein, daß sie Vertrauen in die Welt setzen kann?
Wollt ihr ihr helfen, etwas von Gott und Gottes Liebe zu erfahren und in die Freiheit des Glaubens hineinzuwachsen? Dann antwortet: Ja, mit Gottes Hilfe!

Gott segne Euch und gebe Euch Kraft, Phantasie und Liebe, um Johanna ins Leben zu begleiten.

Taufhandlung *Taufe – Segen – Taufspruch – Taufkerze*

Johanna, jetzt darfst du mit deinen Eltern und Patinnen nach vorne zum Taufstein kommen, und alle anderen Kinder dürfen auch kommen. Wir nehmen Johanna in unsere Mitte.
Johanna, ich taufe dich auf den Namen Gottes des Vaters und des Sohnes und des Heiligen Geistes.
Gott segne dich und behüte dich. Gott lasse sein Angesicht über dir leuchten und sei dir gnädig. Gott erhebe sein Angesicht auf Dich und gebe dir Frieden. Amen.
Dein Taufspruch heißt: Gott hat seinen Engeln befohlen, daß sie dich behüten auf allen deinen Wegen.
Als Erinnerung an die Taufe schenke ich dir diesen Wassertropfen aus Glas. Jetzt zünden wir die schöne Taufkerze, die Du selbst verziert hast, an der Osterkerze an. Damit es in deinem Leben hell werde und du das Licht an andere Menschen weitergeben kannst.

Segenswort der Eltern und PatInnen

Segne dieses Kind
und hilf uns, ihm zu helfen,
daß es sehen lernt mit seinen eigenen Augen

das Gesicht seiner Mutter
und die Farben der Blumen
und den Schnee auf den Bergen
und das Land der Verheißung.

Segne dieses Kind
und hilf uns, ihm zu helfen,
daß es hören lernt mit seinen eignen Ohren

auf den Klang seines Namens,
auf die Wahrheit der Weisen,
auf die Sprache der Liebe
und das Wort der Verheißung.

Segne dieses Kind
und hilf uns, ihm zu helfen,
daß es greifen lernt mit seinen eignen Händen

nach der Hand seiner Freunde,
nach Maschinen und Plänen,
nach dem Brot und den Trauben
und dem Land der Verheißung.

Segne dieses Kind
und hilf uns, ihm zu helfen,
daß es reden lernt mit seinen eignen Lippen

von den Freuden und Sorgen,
von den Fragen der Menschen,
von den Wundern des Lebens
und dem Wort der Verheißung.

Segne dieses Kind
und hilf uns, ihm zu helfen,
daß es gehen lernt auf seinen eigenen Füßen

auf den Straßen der Erde,
auf den mühsamen Treppen,
auf den Wegen des Friedens
in das Land der Verheißung.

Segne dieses Kind
und hilf uns, ihm zu helfen,
daß es lieben lernt mit seinem ganzen Herzen.

Lothar Zenetti

Lied   *Ja Gott hat alle Kinder lieb (LJ 572)*

Damit ihr Kinder auch wißt: Gott hat mich lieb, werde ich euch mit dem
Wasser, mit dem Johanna getauft wurde, auch ein kleines Kreuz auf die
Stirn machen, und auch ihr bekommt alle solch einen Wassertropfen aus
Glas.
Und ich sage Euch: Gott hat dich lieb.

Alle Kinder kommen zum Altar und bilden einen Kreis. Nach dem Lied bekommen sie
ein Wasserkreuz auf die Stirn gezeichnet mit den Worten: Gott hat dich lieb. Außer-
dem erhält jedes Kind einen Wassertropfen aus Glas.

Gebet

Halte zu mir, Gott, heut den ganzen Tag.
Halt die Hände über mir, was auch kommen mag.
Du bist jederzeit bei mir, wo ich geh und steh
spür ich, wenn ich leise bin, Dich in meiner Näh.
Amen.

(Nach einem Lied von Rolf Krenzer, aus: R. Krenzer, Halte zu mir, guter Gott – Gebe-
te für Kinder und Erwachsene, die mit Kindern beten, Lahn, Limburg – aus Strophen
1 und 2.)

Vater unser

Lied   *Gottes Liebe ist so wunderbar (LzU 32, Strophe 1)*

Gottes Liebe ist so wunderbar
Gottes Liebe ist so wunderbar
Gottes Liebe ist so wunderbar

dazu klatschen

so wunderbar groß.

Halbkreis über dem Kopf beschreiben

So hoch, was kann höher sein,

beide Hände nach oben strecken

so tief, was kann tiefer sein,

mit beiden Händen in die Tiefe gehen

so weit, was kann weiter sein,

die Hände weit nach außen strecken

so wunderbar groß.

Halbkreis über dem Kopf beschreiben
Liedstrophe mehrmals wiederholen.

Ansage der Kollekte

Segen

Instrumentales Nachspiel

Das Wasserwunder in der Wüste

Familiengottesdienst zum Erntedankfest mit Taufe
Evelina Volkmann

Orgelvorspiel

Dazu ziehen Kindergartenkinder mit gefüllten Erntekörben in die Kirche ein.

Chor

Lied   *Ich singe dir mit Herz und Mund (EG 324,1-4.7-8)*

Begrüßung

Zu unserem gemeinsamen Familiengottesdienst zum Erntedankfest für Jung und Alt heiße ich Sie herzlich willkommen. Daß die Kinder diese Körbe mit eigenen Äpfeln, Birnen und vielen anderen Früchten mitgebracht haben, ist sehr schön. Die Kinder unter uns wollen wir ganz besonders willkommen heißen! Wir freuen uns, daß ihr da seid. Und ein Kind, der kleine Moritz, der soll heute sogar getauft werden! Daher begrüßen wir auch ihn und seine Familie sehr herzlich.

Votum

Wir feiern diesen Gottesdienst im Namen Gottes.
Gott ist der Grund unseres Lebens.
Jesus Christus lädt alle Menschen in das Reich Gottes ein.
Gottes Geist stärkt Liebe und Gerechtigkeit unter uns. Amen.

(aus: Heidi Rosenstock und Hanne Köhler: Du Gott, Freundin der Menschen, Kreuz Verlag, Stuttgart, 4. Aufl. 1998, S. 15)

Wochenspruch

Aller Augen warten auf dich, und du gibst ihnen ihre Speise zur rechten Zeit. Ps 145,15

Psalm 23

Der gesamte Text wird von allen gemeinsam gesprochen.

Eingangsgebet

Lieber Gott, unser Altar ist geschmückt.
Du meinst es gut mit uns.
Wir alle haben genug zu essen und werden satt.
Wir danken dir dafür.
Laß uns nicht vergessen,
unsere Gaben mit anderen zu teilen,
die hungrig sind,
die krank sind,
die Hilfe brauchen. Amen.

Schriftlesung *Markus 10,13-16*

Wir hören jetzt das Evangelium nach Markus 10, das besonders den Kindern gilt. Es erzählt, daß Jesus es gern hat, wenn Kinder um ihn sind. Sonst lesen wir das bei einer Taufe immer aus der Bibel vor. Heute wollen wir dies für euch Kinder erzählen:
Stellt euch einige Kinder vor, so groß wie ihr, so alt wie ihr. Die finden das herrlich …! Die Kinder sehen Jesus und laufen fröhlich zu ihm hin. Sie haben keine Angst.
Doch manchen Erwachsenen paßt das nicht. Sie finden, daß die Kinder stören. »Könnt ihr nicht woanders spielen?«, rufen sie ärgerlich.
Aber Jesus zeigt den Kindern, daß sie ihn nicht stören, daß er sie mag. So stellen sie sich zu ihm, und er zieht sie ganz nah an sich heran. So wie ihr das von eurem Vater oder eurer Mutter her auch kennt. Dann legt er die Arme um die Kinder und redet sehr freundlich mit ihnen.
Vielleicht verstehen sie noch nicht alles, was er sagt. Aber eines begreifen sie doch: Bei Jesus, da sind wir willkommen. Der will uns haben.
Dann legt Jesus seine Hände auf ihre Köpfe und segnet sie. Damit verspricht er ihnen, daß Gott immer bei ihnen sein will.

Lied *Kinder des Kindergartens singen ein Ernte(tanz)lied.*

Gedanken zu Erntedank

Liebe Kinder! Liebe Erwachsene!
Wir wollen jetzt in aller Ausführlichkeit unseren Altar bestaunen. Nicht nur, daß er schön geworden ist, nicht nur, daß wir uns freuen, daß so viel gegeben wurde. Noch etwas ganz anderes ist heute wichtig.
Eine Sache steht noch nicht auf dem Altar, ohne die das alles hier gar nicht hätte wachsen können. Ihr könnt es mir bestimmt sagen. Was braucht jede Pflanze, jeder Baum, jede Frucht und auch jeder Mensch, um zu wachsen? Ja, richtig, das Wasser. Ohne das Wasser, das Gott uns schenkt, würden wir nicht nur verdursten. Wir würden auch verhungern.
Damit auf unserem Erntedankaltar das Wasser nicht länger fehlt, wollen wir es holen gehen. Schließlich brauchen wir das Wasser ja dann auch, um

Moritz zu taufen! Auch ihn hat Gott wachsen lassen. Auch Moritz ist – wie ihr alle – Gottes Kind. Also ist das Wasser ganz wichtig. Es darf nicht fehlen. Wer will mal mit mir zusammen suchen? Na ja, suchen!? Ich bin mir ziemlich sicher, daß wir in der Sakristei welches finden.

Zusammen mit einem Kind wird aus der Sakristei ein großer, gläserner, gefüllter Wasserkrug geholt und auf den Altar gestellt.

Lied   *Deine Hände, großer Gott (EG 424,1-3)*

Geschichtenpredigt zu 2. Mose 17,1-7

anhand von drei farbigen Bildfolien für den Tageslichtprojektor
Bild 1 und 2 von Kees de Koort wurden entnommen aus: Bibelbilderbuch, Bd. 2 Stuttgart, 1984, S. 32-34; Bild 3 von Eva Buchmann findet sich in: Wilfried Pioch, Die neue Kinderbibel. Mit Kindern von Gott reden, erw. Aufl. Hamburg, Würzburg 1992, S. 56.

Jetzt will ich euch eine Geschichte aus der Bibel erzählen, in der das Wasser sehr, sehr wichtig ist.

Bild 1: In der Wüste gibt es kein Wasser

Hier ist das Wasser ausgegangen. Die Mutter will ihrem Kind aus dem Krug Wasser zu trinken geben. Doch da kommt einfach nichts mehr heraus, so sehr sie den Krug auch nach unten kippt. Das Wasser ist alle. Diese Mutter sieht nicht gerade glücklich aus. Und das Kind bettelt. »Ich will Wasser!« Aber das hilft gar nichts. Und auch dem blaugekleideten Mann hier geht es nicht gut. Auch er hat Durst und weiß nicht, woher er was zu trinken kriegen kann. Diese Leute sind nämlich in der Wüste. Da ist kein Brunnen. Nicht einmal Schatten zum Ausruhen. Alles ist heiß. Und was sie an Wasser dabei hatten, ist schon weggetrunken.
Sie sind aber nicht allein unterwegs. Mit ihnen zusammen sind ganz viele Menschen in der Wüste. Und alle haben starken Durst. Alle träumen von Wasser. Nur einen Schluck! Das wäre schon schön.
Aber alles Träumen hilft nichts. Da werden sie ärgerlich. Sie sagen sich: So, jetzt gehen wir zu unserem Anführer, zu Mose: Der soll uns jetzt sofort helfen. Der soll uns Wasser geben. Schließlich hat der uns doch hier in die Wüste mitgenommen.

Bild 2: Die Israeliten in der Wüste

Und so gehen sie zu Mose und schreien: »Gib uns Wasser! Gib uns Wasser! Wir verdursten sonst hier in der Wüste. Du bist schuld, daß es uns so schlecht geht. Gib uns sofort Wasser!«
Da, das ist Mose. Er hält sich die Hand an den Mund, weil er nicht weiß, was er tun soll. Er kann kein Wasser herbeizaubern. Alle schreien

ihn an. Sie haben ja alle so riesigen Durst. Und die Wasserkrüge sind doch leer.

Denn sie waren schon lange unterwegs gewesen. Mose hatte damals, als sie weggegangen waren, zu ihnen gesagt: »Da, wo wir zusammen hingehen, da ist es wunderschön. Da haben wir für alle genug zu trinken und zu essen.« Aber jetzt denken sie alle: Das stimmt ja gar nicht, was Mose uns da erzählt hat. Sie sind unzufrieden, manche sogar wütend oder böse.

Da hat Mose richtig Angst bekommen. Wißt ihr, was er dann getan hat? Er hat zu Gott gebetet. Und er hat gewußt: Gott läßt mich jetzt nicht allein. Er hat Gott gefragt: »Was soll ich denn tun? Die Leute brauchen Wasser. Gott, hilf du uns doch!«

Und auf einmal hört Mose Gottes Stimme: »Geh mit den Leuten an den nächsten Felsen. Und nimm deinen langen Stab mit. Ich werde dir helfen und euch Wasser schenken.« Mose weiß zwar gar nicht, wie das gehen soll. Aber sie gehen einfach mal an den Felsen.

Dort warten jetzt die durstigen Menschen darauf, was nun geschehen würde. Nach einer Weile steht Mose auf, nimmt seinen Stab in die Hand, so wie es Gott ihm gesagt hat, und schlägt auf die Felswand. Und – was passiert?

Bild 3: Wasser strömt aus dem Fels heraus

Hier seht ihr's. Gott läßt aus dem Felsen Wasser hervorsprudeln. Ja, so ähnlich wie an der Echazquelle hier bei uns in Honau. Viel Wasser kommt da heraus. Das reicht für alle. Und alle freuen sich. Keiner schimpft mehr auf Mose. Sie merken vielmehr: Gott läßt uns nicht verdursten. Gott gibt uns Wasser. Und sie erfrischen sich. Auch die Tiere trinken. Alle füllen wieder ihre Krüge. Mose denkt: Wie gut, daß Gott uns nicht im Stich läßt.

Lied   *Himmel, Erde, Luft und Meer (EG 504, 1-6)*

Einleitung zur Taufe

Weil das Wasser so wichtig ist, daß es alle Menschen, alle Pflanzen und Tiere zum Wachsen brauchen, darum taufen wir auch mit Wasser. Dafür wollen wir nun zusammen das Wasser vom Altar zum Taufstein bringen. Wer hilft mir?

Ein Kind nimmt den Wasserkrug vom Erntedankaltar, bringt ihn zum Taufstein und gießt – hörbar für alle – den gesamten Wasserinhalt in den Taufstein. Das Plätschern erinnert an die soeben gehörte Erzählung vom Wasserwunder in der Wüste. Die Tauffamilie und die im Gottesdienst anwesenden Kinder versammeln sich um den Taufstein.

Taufhandlung   *Tauffragen – Taufe – Taufkerze – Taufgebet*

Moritz' Taufspruch handelt von dem Geist, in dem wir als Kinder Gottes leben: Nicht der Geist der Verzagtheit oder der Furcht. Sondern ein Geist, mit dem wir stark werden sollen, das Leben zu bestehen. Der Geist, den Gott schon beim Volk Israel in der Wüste hat wirken lassen. Der Geist der Kraft, der Liebe und der Besonnenheit. Eben der Heilige Geist. Davon wollen wir nun für unseren kleinen Täufling, aber auch zur Erinnerung an die Kraft unserer Taufe einen Kanon singen.

Lied *Ihr werdet die Kraft des Heiligen Geistes empfangen (EG 132)*

Aktion *Gemeinsames Essen von Brot und Trauben*

Was Gott mit Wasser und manchem mehr auf Erden für uns hat wachsen lassen, das wollen wir uns jetzt auch richtig schmecken lassen. Wir werden dazu Körbe mit Brot und Weintrauben durch die Reihen geben. Bitte nehmen Sie sich und helfen Sie alle mit dabei, daß jede und jeder etwas abbekommt. Dazu spielt die Orgel.

Gebet

Wir danken dir, Gott,
daß wir zu essen und zu trinken haben.
Wir danken dir,
daß du uns Wasser zum Leben gibst.
Wir danken dir,
daß wir ein Zuhause haben und daß du für uns sorgst.
Wir bitten dich:
Laß uns einander helfen, wo es nötig ist.
Laß uns den anderen neben uns nicht vergessen.

Vaterunser

Lied *Wohlauf, mein Herze, sing und spring (EG 324,13)*

Abkündigungen

Lied *Verleih uns Frieden (EG 421)*

Segen

Orgelnachspiel

Ich bin getauft – Wir gehören zusammen

Gottesdienst für die ganze Gemeinde mit Taufen und KonfirmandInnenvorstellung

Georg Ottmar

Vorüberlegungen

Der liturgische Kalender thematisiert die Taufe u.a. am 6. Sonntag nach Trinitatis. Dies war Anlaß, das Thema Taufe im Kindergottesdienst aufzugreifen und zusammen mit den Kindern für diesen Sonntag einen Gottesdienst für die ganze Gemeinde vorzubereiten.

Der Verkündigungsteil des Familiengottesdienstes beruhte auf dem Bilderbuch »Swimmy« von Leo Lionni. Die Erzählung wurde durch Tageslichtfolien veranschaulicht, die am Sonntag zuvor von den Kindergottesdienstkindern gemalt wurden. Für die Aktionsphase wurde ein großer Karton mit den Umrissen eines Fisches sowie kleine rote Fische aus Plakatkarton benötigt. Beides haben wir ebenfalls im Kindergottesdienst vorbereitet.

Am Sonntag nach dem Taufgottesdienst haben die Kindergottesdienst-Kinder anhand von mitgebrachten Bildern über ihre Taufe gesprochen und gemeinsam einen großen Taufkalender in Form eines Wassertropfens gestaltet.

Ablauf des Gottesdienstes

Vorspiel

Eingangslied   *Lobet den Herren, alle, die ihn ehren (EG 447, 1.2.6.7)*

Eingangsvotum, Begrüßung und Wochenspruch

Psalmgebet nach Psalm 31   *Geborgen ist mein Leben in Gott (LJ 692)*

Taufansprache

Anhand der Namen der Täuflinge wird verdeutlicht, was Taufe bedeutet.

Joana – erinnert an Johannes den Täufer und an die Taufe Jesu.
Pascal, »der an Ostern geborene« – erinnert an Taufpraxis der frühen ChristInnen.

Wina-Louisa, »Friedensfreundin-Kämpferin« – erinnert uns an die Auswirkungen der Taufe: friedfertig sein *und* für das kämpfen, was bei Gott wichtig ist, Liebe, Barmherzigkeit, Gerechtigkeit.

Schriftlesungen

Taufbefehl Mt 28,18-20
Kindersegnung Mk 10,13-16
Vergegenwärtigende Nacherzählung der für die Taufe vorgesehenen Schriftlesungen

Taufhandlung *Tauffragen – Taufe – Segen – Lesung der Taufsprüche – Entzünden der Taufkerzen – Übergabe der Patenbriefe*

Tauflied *Gott, der du alles Leben schufst (EG 211,1-5)*

Erzählpredigt zum Kinderbuch Swimmy von Leo Lionni

Bild 1: Rote Fische schwimmen im Meer – »Swimmy« kommt dazu

In einer Ecke des dunklen, weiten Meeres lebte einmal ein Schwarm kleiner, roter Fische.
Auch Swimmy lebte dort.

(Der einzelne Fisch Swimmy taucht auf. Er wurde mit schwarzem Stift auf einen Folienstreifen gemalt und kann so hin- und her bewegt werden.)

Er war anders als seine Schwestern und Brüder. Er war schwarz. Und er konnte schneller schwimmen als alle anderen Fische.

Bild 2: Großer Fisch mit kleinen roten Fischen im Bauch

Eines Tages kam ein riesiger Fisch in diese Ecke des Meeres, ein gefährlicher, hungriger Kerl. Er riß sein großes Maul auf und verschluckte alle kleinen Fische. Nur ein Fisch war schnell genug, um zu fliehen. Das war Swimmy.

Bild 3: Swimmy allein im Meer

Traurig und einsam machte er sich auf den Weg ins große, weite Meer.

Bild 4: Swimmy und die Qualle

Aber schon bald entdeckte Swimmy wunderbare Geschöpfe, denen er in seiner Meeresecke noch nie begegnet war. Und je mehr dieser Geschöpfe er sah, desto munterer und fröhlicher wurde er. Zuerst kam Swimmy zu einer Qualle. Sie war wunderschön, denn sie leuchtete in allen Farben des Regenbogens.

Bild 5: Swimmy und der Hummer

Als nächstes begegnete er einem Hummer.

Bild 6: Swimmy und Fische

Leise und gleichmäßig zogen drei große Flundern an ihm vorbei. Swimmy folgte ihnen, aber sie beachteten ihn nicht.

Bild 7: Swimmy und der Aal

Dann entdeckte Swimmy einen unendlich langen Aal.

Bild 8: Swimmy und die See-Anemonen

Das nächste Wunder waren die See-Anemonen. Sie sahen aus wie rote Palmen und wiegten in der Strömung sanft hin und her.

Bild 9: Swimmy und die kleinen, roten Fische

Aber dann riß Swimmy ungläubig die Augen auf: Ein Schwarm kleiner, roter Fische schwamm auf ihn zu. Sie sahen fast genauso aus wie seine Schwestern und Brüder, die der riesige Fisch verschluckt hatte.
»Kommt mit ins Meer«, rief er ihnen fröhlich zu. »Dort gibt es viele Wunder zu entdecken.«
»Wir trauen uns nicht«, entgegneten die kleinen, roten Fische. »Wir haben Angst, daß uns die großen Fische fressen. Wir müssen uns in unserer Meeresecke versteckt halten.«
Swimmy war traurig, weil die kleinen roten Fische sich nicht hinaus ins offene Meer wagten. »Ich muß mir etwas einfallen lassen«, dachte er.
Er grübelte und grübelte. »Ich hab' eine Idee«, rief er plötzlich. »Kommt, wir wollen etwas versuchen.«

Bild 10: Swimmy und der Riesen-Fisch-Schwarm

Swimmy's Idee gefiel den kleinen roten Fischen. Er schwamm um sie herum und gab seine Anweisungen. Erst rückten sie ganz eng aneinander. Dann bekam jeder Fisch seinen Platz zugewiesen, und bald nahm der Schwarm eine besondere Form an: die Form eines großen Fisches. Die vielen kleinen, roten Fische bildeten jetzt einen großen Fisch, einen Riesenfisch aus lauter Fischen. Und das Auge des Fisches – das war Swimmy.

Bild 11: Der Riesen-Fisch-Schwarm und Schwanzflossen anderer Fische

Jetzt wagen die kleinen, roten Fische sich endlich ins offene Meer. Ohne Angst schwimmen sie hinein in die große Welt der Wunder. Die großen Fische können ihnen nichts mehr anhaben. Im Gegenteil: Selbst die gefährlichen, hungrigen Fische fliehen vor ihnen.

So schwimmt der Schwarm mit den kleinen, roten Fischen als Riesenfisch durchs Meer. Alle sind glücklich. Aber am glücklichsten ist Swimmy: Er ist nicht mehr allein. Und in seiner Rolle als wachsames Auge fühlt er sich sehr, sehr wohl.

(Leo Lionni: Swimmy. Deutsch von James Krüss, Middelhauve, Köln und Zürich, 1992, völlig überarbeitet)

Kurzansprache

Was für eine traurige Lage: Wir sitzen in unserer Meeresecke und trauen uns nicht hinaus ins offene Meer.
So geht es uns als einzelnen. Und so geht es uns oft auch als Gemeinde: Wenn wir zusammenkommen, treffen wir uns gerne in unseren Gruppen und Kreisen. Aber wir trauen uns viel zu selten, nach draußen zu wirken, hinein in die Welt. Sie macht uns Angst, weil sie uns kompliziert und mitunter auch gefährlich erscheint. Und wenn wir auf das schauen, was wir sind und was wir können, dann werden wir verzagt und denken: Was können wir da »draußen« schon bewirken? Hat es überhaupt einen Sinn, daß wir uns öffnen? Daß wir hinaustragen, was uns wichtig ist? Daß wir unseren Glauben weitersagen und ihn weitertragen, indem wir die Welt zum Besseren verändern?
Solange wir alleine bleiben, jede und jeder auf sich selbst gestellt, so lange wird sich an unsrer Verzagtheit nicht viel ändern. Deshalb ist es wichtig, daß wir immer wieder einen Anstoß bekommen, der uns hilft, in Gang zu kommen und uns in die richtige Form zu bringen. Ja, wir brauchen immer wieder einen Anstoß, um uns als Gemeinde zusammenzufinden, um nicht nebeneinander her zu leben, sondern gemeinsam nach außen zu wirken.
Heute haben wir drei Kinder getauft. Und wir, die wir bereits getauft sind, haben uns dabei an unsere eigene Taufe erinnert. Daran, daß Gott zu jedem und jeder von uns sagt: »Ich will dein Freund, deine Freundin sein. Und meine Freunde sind auch deine Freunde, deshalb gehörst du hinein in die große Gemeinschaft der Freundinnen und Freunde Gottes, hinein in die Gemeinde Jesu Christi.«
Die Taufe und die Erinnerung daran, daß wir getauft sind, kann also ein Anstoß sein, damit wir uns zusammenfinden und zusammenschließen. Damit wir merken: Es ist schön, nicht allein sein zu müssen.
Es gibt Mut, wenn man Freundinnen und Freunde um sich hat. Und es ist spannend, wenn wir uns gemeinsam auf den Weg machen in die Welt, die Gott uns schenkt. Was gibt es da nicht alles an Wundern zu bestaunen. Und was gibt es nicht alles an Möglichkeiten, um das Antlitz dieser Welt zum Besseren hin zu verändern.
Dazu helfe uns Gott! Amen.

Aktion

An die Kinder werden kleine rote Fische aus Plakatkarton und Stifte verteilt. Die Kinder bemalen die Fische bzw. beschriften sie mit ihrem Namen. Danach werden die vielen kleinen Fische auf dem vorher vorbereiteten großen Karton zu einem Riesenfisch zusammengesetzt. Die Erwachsenen singen dazu

Kanon *Einsam bist du klein (MKL 11)*

KonfirmandInnenvorstellung

Und nun darf ich unsere diesjährigen KonfirmandInnen zu mir nach vorne bitten. Wir haben dieses Jahr eine kleine Gruppe: drei Konfirmandinnen und zwei Konfirmanden *(Namen werden genannt)*.

Die KonfirmandInnen lesen uns Texte, die uns darüber Auskunft geben, was die Taufe für uns ChristInnen bedeutet.

Ich bin getauft, das heißt:

Ich gehöre zu Gott. Er begleitet mich auf meinem Lebensweg. Er schenkt mir seine Freundschaft. Ich darf jederzeit zu ihm kommen. Das gilt, auch wenn ich etwas falsch gemacht habe. Das gilt, auch wenn ich lange Zeit nichts von ihm habe wissen wollen.

Ich bin getauft, das heißt:

Ich gehöre zu Jesus Christus. Er zeigt mir den Weg zu Gott. Und er zeigt mir den Weg durchs Leben. Ich kann mir an ihm ein Beispiel nehmen für gelungenes, glückliches Leben: für ein Leben, in dem die Liebe zu den Mitmenschen und die Liebe zu Gott keine Gegensätze sind.

Ich bin getauft, das heißt:

Ich habe Schwestern und Brüder auf dieser Erde. Ich gehöre zur weltweiten Familie Gottes, die er in allen Ländern und Völkern hat. Ich gehöre zur Gemeinde Jesu, also zu allen, die ihr Leben an Jesus Christus ausrichten.

Ich bin getauft, das heißt:

Das Böse hat keine endgültige Macht über mich, denn Jesus Christus hat es für mich überwunden. Keine Schuld hat so viel Macht, daß sie mir die Umkehr zu Gott versperren kann. Keine Macht der Welt kann mich trennen von der Liebe, die Gott mir entgegenbringt.

Ich bin getauft, damit bekenne ich:

Der Tod wird nicht das letzte Wort über mein Leben haben. Gott hat Jesus Christus vom Tod auferweckt, und so wird er auch mich durch den Tod hindurch zu einem neuen Leben führen in seinem Reich.

(Die Texte der KonfirmandInnen übernehmen z.T. Formulierungen aus: Kirchenbuch für die Evangelische Landeskirche in Württemberg, Zweiter Teil Sakramente und Amtshandlungen, Teilband Konfirmation, Durchges. Nachdr. d. Ausg. v. 1978 Quell-Verlag Stuttgart 1985, S. 82-83.)

Kanon *Einsam sind wir klein (MKL 11)*

Fürbittengebet

Guter Gott, Freund und Freundin auf unseren Wegen!
Du setzt Zeichen des Lebens mitten in unsere Welt und unseren Alltag.
Gerade die Taufe ist solch ein Lebens-Zeichen:
Zeichen dafür, daß du uns liebst.
Zeichen dafür, daß du bei uns bleibst alle Tage bis an der Welt Ende.
So bitten wir dich nun für die Kinder, die wir getauft haben:
laß sie aufwachsen unter deinem Schutz
und unter der Fürsorge derer, die sie ins Leben begleiten.
Wir bitten dich für ihre Eltern, Patinnen und Paten:
schenk ihnen die nötige Liebe und Geduld
und hilf ihnen, diese Kinder zu achten und ernstzunehmen.
Wir bitten dich für uns alle, ob wir getauft sind oder nicht:
laß uns nicht vergessen, daß wir zu dir gehören.
Gib uns Kraft und Mut, unser Leben an deiner Seite zu wagen,
damit auch wir zu einem Lebens-Zeichen für andere werden:
indem wir denen helfen, die auf uns angewiesen sind,
indem wir die Trauernden trösten,
indem wir uns öffnen für die, die unsere Nähe und Zuwendung suchen
und indem wir deine Liebe weitergeben in Wort und Tat.
Amen.

Vater unser

Schlußlied   *Vertraut den neuen Wegen (EG 395,1-3)*

Abkündigungen – Segen – Nachspiel

Frederick

Taufansprache mit einem Bilderbuch
Thomas Lehnardt

Vorüberlegungen

In unserer Gemeinde ist es üblich, zum monatlichen Taufgottesdienst auch die Kinder einzuladen, die vor sechs Jahren getauft wurden. In den vergangenen Jahren wurden sie von MitarbeiterInnen jeweils an Ihrem Tauftag besucht. Mit dem sechsten Tauftag kommen diese Besuche zum Abschluß. Die Kinder werden zum Besuch des Kindergottesdienstes eingeladen.

Die Taufansprache in diesen Taufgottesdiensten mit Tauferinnerung richtet sich deshalb nicht nur an die Taufeltern und Paten, sondern hat vor allem auch die Kinder im Blick, die Tauferinnerung feiern. Oft vermag ich nicht zu sagen, welche Bedeutung für die Kinder ihre Taufe hat. Vieles andere scheint ihnen wichtiger zu sein. Das vielen Kindern bekannte Bilderbuch Frederick von Leo Lionni bietet die Möglichkeit, darauf zu verweisen, daß es noch Wichtigeres gibt als nur das, was vor Augen liegt.

Taufansprache

Als Gedanken zur Taufe möchte ich Ihnen und Euch heute die Geschichte von Frederick der Maus erzählen. Vielleicht kennen Sie die Geschichte von der Familie schwatzhafter Feldmäuse, die in einer alten Feldmauer wohnten. Weil es bald Winter wurde, begannen die kleinen Feldmäuse Körner, Nüsse, Weizen und Stroh zu sammeln. »Alle Mäuse arbeiteten Tag und Nacht. Alle – bis auf Frederick.«

Mit einer großen Ausgabe des Bilderbuches in der Hand erzähle ich die Geschichte von Frederick ziemlich wörtlich nach – da viele Kinder sie weitgehend auswendig können – bis der kleine Frederik ihnen mitten im Winter die Farben des Sommers zeigt.

Soweit die Geschichte von Frederick der Maus. Ob es sich mit der Taufe vielleicht ähnlich verhält wie mit dem Frederick? So auf den ersten Blick kann man kaum erkennen, wozu die Taufe denn gut sein soll. Einen unmittelbaren Vorteil scheint es nicht zu bringen, unsere Kinder taufen zu lassen. Da scheint es zunächst wichtiger, daß sie gut versorgt werden, zuerst nur mit Essen und Trinken, natürlich auch mit anregendem Spielzeug und liebevoller Zuwendung der Eltern. Später sollen es geduldige Erzieherinnen und förderliche Lehrer sein. Das sind die Vorräte, die wir uns für unsere Kinder erhoffen.

Doch offenbar gibt es noch mehr, was unsere Kinder, was wir alle zum Leben brauchen. Frederick hat damals Sonnenstrahlen, Farben und Worte gesammelt. Und mit der Taufe, so scheint es mir, sammeln wir doch ganz Ähnliches. Mit der Taufe erscheint das Leben von Mike und Michelle und Jochen in einem ganz neuen Licht. Ihr Leben bekommt eine neue Farbe. Sie gehören von nun an zur Gemeinde Jesu Christi.

Sie werden dabei ihre Erfahrungen machen mit Gott und mit anderen getauften Christinnen und Christen hier in unserer Gemeinde. Sie werden die Worte und Geschichten hören von Gott und den Menschen, von Jesus und seinem Volk Israel.

Vielleicht kommt irgendwann eine Stunde, in der es kalt wird zwischen den Steinen und keiner mehr sprechen mag. Dann wird es guttun, auch solche Vorräte gesammelt zu haben, die das Leben wieder wärmer und heller machen können. Dann wird es guttun, wenn jemand uns an unsere Taufe erinnert, wenn jemand uns sagt, Du, Mike oder Michelle, Jochen oder Aline, Dominik oder Maximilian, Janine oder Lena, oder wie ihr alle heißt: Du bist getauft und das heißt: Gott hat dich lieb. Er hält seine Hand über dir. Er hat gesagt: Ich bin bei dir alle Tage bis an das Ende der Welt. Amen.

(Der Taufansprache liegt das Buch Leo Lionni, Frederick, Deutsch von Günter Bruno Fuchs, Middelhauve, München 1996, zugrunde.)

Glauben, Hoffen, Lieben

Eine Gestaltungsidee
Monika Renninger

Die vorliegende Gestaltungsidee stammt aus einem Gottesdienst, der nicht als Familiengottesdienst konzipiert war, sondern als regulärer Predigtgottesdienst, in dem fünf Kinder und Jugendliche – zwei Konfirmanden und ihre Geschwister – im Alter zwischen 5 und 13 Jahren getauft wurden. Ihnen sollte möglichst anschaulich werden, was die Taufe bedeutet. Dazu sollte die Orientierung an den Stichworten aus 1 Kor 13 in Verbindung mit einer symbolischen Handlung helfen. Ich habe mit drei Tüchern in den Farben blau, gelb und rot die Stichworte Glaube, Hoffnung, Liebe versinnbildlicht und daraus während der Ansprache ein Band geflochten. Dabei waren Jungscharkinder beteiligt, die beim Flechten des Bandes halfen und die szenische Umsetzung des Schriftlesungstextes zur Kindersegnung zeigten, so, wie es sich die beiden Neun- und Zehnjährigen gewünscht hatten. Bei der Taufe und im weiteren Verlauf des Gottesdienstes trug ich das geflochtene Band aus Tüchern wie eine Stola über dem Talar.

Ausschnitte aus der Taufansprache

Wenn Ihr Euch heute taufen laßt, dann zeigt Ihr allen damit:
Ich glaube daran,
daß Gott mich hält,
daß Gott mir zutraut, ein Mensch nach seinem Willen zu sein,
daß Gott mir die Kraft dazu schenkt.
Gott hat es versprochen –
darauf will ich mich verlassen, und
darauf will ich mit meinem Leben antworten.
Eure Taufsprüche beschreiben, was das bedeutet ...
Die Taufe ist das Zeichen für den Bund, den Gott mit uns schließt. Wie kann man ganz kurz sagen, was zu diesem Bund gehört, so, daß es leicht zu merken ist? Der Apostel Paulus hat es versucht, indem er gesagt hat: Glaube, Hoffnung, Liebe – um diese drei geht es, wenn wir nun, da wir zu Gott gehören, in Gottes Namen leben, denken und handeln. Wenn du dich an diesen dreien orientierst, hast du ein starkes Band, das dich mit Gott verbindet.

Glaube *(blau)*

Unseren Glauben bezeugen wir in der Taufe und sagen: Gott ist die Quelle unseres Lebens. An eine Quelle und an das Wasser, aber auch an den Himmel erinnert uns das blaue Tuch. Wenn man beides zusammendenkt, könnte man sagen: Es ist, als ob sich in diesem Wasser der Taufe der Himmel bis auf den Grund unserer Seele spiegelt.

Hoffnung *(gelb)*

Das gelbe Tuch steht für die Hoffnung, die Gott uns für unser Leben schenkt. Sie begleitet uns wie das Licht, wie die Sonne, die uns unseren Weg erhellt, wie Jesus, der von sich sagt: Ich bin das Licht der Welt. Seid nun auch ihr Licht für die Welt! Die Osterkerze, die auf dem Taufstein steht, erinnert uns an dieses Licht.

Liebe *(rot)*

Aus der Liebe, mit der sich Gott uns zuwendet, leben wir. Für die Liebe nehmen wir das rote Tuch. Die Liebe offenbart sich und gibt sich hin in Gottes Geschichte mit uns Menschen und darin, wie wir Menschen füreinander da sind und füreinander sorgen als Eltern und Kinder, als Freundinnen und Freunde, als Patinnen und als Weggefährten.

Kinder halten während der Ansprache die Tücher und helfen, sie zu flechten.

Glaube, Hoffnung, Liebe: Diese drei ergeben ein starkes Band. Dieses Band ist ein Geschenk von Gott für uns: Gott gibt uns die Kraft zu glauben, zu hoffen und zu lieben.

In der Taufe antworten wir auf dieses Gottesgeschenk und sagen: So wollen wir leben, Gott sei Lob und Dank.

Das geflochtene Band kann nun als Stola umgehängt werden.

Tauflied

Schriftlesung

Mk 10,13-16 und szenische Umsetzung (s. S. 153)

Taufe

Die Rose von Jericho

Gottes Segen läßt unser Leben aufblühen
Predigt
Siegfried Jahn

Vorbemerkungen

Die Predigt soll zum Ausdruck bringen, daß die Taufe das bedingungslose Geschenk
Gottes an uns Menschen ist. Theologischer Ausgangspunkt ist dabei Luthers Gedanke vom *homo incurvatus in se ipsum*, dem in sich hineinverkrümmten Menschen, den
Gott durch Christus aus seiner verschlossenen Selbstbezogenheit erlöst und wieder
ins rechte Verhältnis zu sich selbst, zu seinen Mitmenschen und zu Gott gesetzt hat.
Um den Gedankengang nachvollziehbar zu machen, versucht die Taufpredigt, an
die Anschaulichkeit der Selbstverkrümmung anzuknüpfen und die komplexe Gedan-
kenbewegung zu elementarisieren.

Als Mittel der Darstellung eignet sich die sogenannte »Rose von Jericho« *(Saleginella
le, ido hylla)*, die ursprünglich in tropisch wasserarmen Gebieten Vorderasiens und
Afrika vorkommt. Der Legende nach sei diese Rose von der heiligen Jungfrau Maria
auf der Flucht nach Ägypten gesegnet und ihr ewiges Leben verheißen worden. In
unseren Gegenden ist sie über Blumenfachgeschäfte, auf jeden Fall aber über Groß-
märkte erhältlich. Ihre Eigenart besteht darin, daß sie, wenn sie auch jahrzehntelang
nicht mehr mit Wasser in Berührung kommt, sich wieder erneut zum Aufblühen bringen läßt. In trockenem Zustand rollt sich die Blüte in sich selbst ein, mit Wasser
entfaltet sie sich und wird grün. Man hat sie deshalb auch als Zeichen des ewigen
Lebens verehrt.

Für den Gottesdienst sind zwei trockene Rosen von Vorteil. Die eine kann gleich zu
Anfang des Gottesdienstes und vor den Augen der Kinder und Erwachsenen mit hei-
ßem Wasser übergossen werden. Vor allem die Kinder werden mit größter Spannung
darauf achten, wie sich die Rose augenblicklich zu entfalten beginnt. Um unnötige
Ablenkungen zu vermeiden, sollte sie einfach, nur mit einer Schachtel abgedeckt, im
Raum stehen bleiben. Außerdem bleibt so auch die Spannung bis zur Predigt erhalten,
wo sie dann, völlig aufgeblüht, mit der trockenen Blume verglichen werden kann.

Als biblischer Kontext eignet sich in der Liturgie eine Schriftlesung aus Joh 4,3-14.
Für die Predigt ist die an dieser Stelle berichtete Begegnung Jesu mit der Frau am
Brunnen insofern passend, als sie (a) alle wichtigen Motive des Taufgottesdienstes
enthält (Wasser als Zeichen für Leben, Zuspruch und Veränderung des Lebens, Herrschaftswechsel), (b) an die im Gottesdienst bereits begonnene Symbolisierung des
Verschlossenseins zum Sich-Öffnen angeknüpft werden kann, und (c) in ihrer elemen-
taren Gestalt die Bedeutung der Taufe im Alltag der Kinder und Erwachsenen einfach
und einsichtig verdeutlichen kann.

Predigt

Liebe Kinder, liebe Erwachsene, liebe Eltern und Paten,
in meinen Händen halte ich ein seltenes und merkwürdiges Gewächs.

Die trockene Blume zeigen

Man nennt diese Blume die ›Rose von Jericho‹. Sie ist in den Wüsten Israels und Afrikas zu Hause. Sie sieht ganz anders aus als die Rosen, die wir kennen. Sie ist ganz trocken und sieht sehr trostlos aus. Keine Blüte ist zu sehen. Ihre Blätter sind ganz dürr. Wie eine geballte Faust ist sie in sich gebogen, zusammengefaltet, in sich verkrallt. So trocken, wie sie ist, zeigt sie kein Leben, weil sie für alles verschlossen scheint.
In diesem Zustand ist sie mir ein Gleichnis geworden für uns Menschen. Im Grunde sind wir zu Gott hin so verschlossen wie diese trockene Rose. Wir finden einfach nicht den richtigen Weg zu Gott. Wir träumen immer davon, daß wir alles selbst können und es auch ohne Gott geht. Aber wohin geht unser Leben? Und wie sieht unsere Welt aus, die wir ohne Gott gemacht haben?
Stellen wir uns solche Menschen einmal vor: sie leben ausgezehrt und verkrallt wie eine Faust. Sie leben in sich gebogen und so, als wären sie nur für sich da. Sie suchen nur den eigenen Vorteil. Ja nichts versäumen! Man muß zusehen, daß man nicht zu kurz kommt und daß man auch ein Stück vom großen Kuchen abbekommt. Da werden schon mal beide Augen großzügig zugedrückt. Bloß nicht empfindlich sein!
Aber die Machenschaften solcher Menschen treiben seltsame Blüten. Denn, wenn Menschen verschlossen und eigensinnig geworden sind, dann sehen sie Gott nicht mehr – und die Mitmenschen erst recht nicht!
So ist das nicht nur bei uns Erwachsenen. Ich glaube, ihr Kinder erlebt auch solche Menschen. Im Kindergarten zum Beispiel: Mirjam möchte etwas bauen. Ihr schwebt eine schöne Stadt aus Holzklötzen vor. Aber keiner macht mit, auch ihr Freund Michael nicht. »Das schafft sie ja doch nicht«, denkt Michael, »denn bisher hat Mirjam sowieso immer aufgegeben.« Und weil ihr niemand hilft, dauert es zwei Tage, bis sie ihre Vorstellung von einer Stadt endlich verwirklicht hat. Als Michael dann an ihrem Prachtbau vorbeikommt, ärgert er sich, daß Mirjam es doch alleine geschafft hat. Er nimmt den Fuß, holt aus, und mit einem Schlag ist Mirjams Mühe dem Erdboden gleich gemacht.
Ähnliches hat auch Peter erlebt. Peter geht zur Schule und ist eben immer wieder langsamer als die anderen. Was wäre es manchmal für ein Segen, wenn einer seiner Mitschüler sagen würde: »Komm, ich helfe dir. Ich bin ja schon fertig. Und dann bist du auch so weit wie die anderen.« Aber nein: Jeder ist eben nur sich selbst der Nächste. Schließlich will man es ja auch genießen, daß man schneller ist als die anderen!
Und wo es bei euch Kindern um die Stadt aus Holzklötzen oder um das Fortkommen in der Schule geht, da geht es bei uns Erwachsenen um den Urlaub des Nachbarn oder um das Weiterkommen im Beruf.

Ja, verschlossen leben wir Menschen manchmal nur für uns selbst. Dann sieht das Leben aus wie diese trockene Rose. Von ihrer wahren Schönheit ist gar nichts zu sehen.

Aber Gott sei Dank ist das längst nicht alles, was von dieser Rose zu sagen ist. Denn sie birgt ein Wunder! Sie muß nicht verschlossen bleiben. Sollen wir noch einmal nach der Rose vom Anfang schauen?

Feuchte, geöffnete Rose aufdecken.

Diese Rose hat sich jetzt entfaltet. Sie öffnet sich, wenn sie mit Wasser in Berührung kommt. Dann sieht sie aus wie eine geöffnete Hand. Dann zeigt sie ihre ganze Schönheit. Sie entfaltet sich, steht auf und erhält Farbe. Langsam und stetig blüht sie auf. Man hat der Rose von Jericho deshalb auch den Namen »Auferstehungsblume« gegeben. Sie lebt, weil sie durch das Wasser zum Leben erweckt wurde.

Diese Verwandlung erinnert mich an das Wunder, das Gott an uns Menschen tut. Gott sagt euch Kindern und uns Erwachsenen: ihr braucht nicht verschlossen zu bleiben. Gott sagt das heute auch zu dem Kind, das getauft wird: »Ich, Gott, habe dich, N.N., geschaffen wie diese wunderbare Rose. Ich will, daß dein Leben, deine Gaben, deine Liebe, deine Kräfte, deine Phantasie und alles, was in dir steckt, sich lebendig entfaltet. Das Wasser der Taufe soll ein Zeichen sein, daß ich dein Leben erblühen lassen will. Wie diese Rose Wasser braucht, so braucht ihr Menschen Liebe gegen alle Schuld und Leben gegen den Tod. Sonst vertrocknet euer Leben, wird dürr und stirbt.«

Vorhin hörten wir, wie Jesus einmal einer Frau am Brunnen begegnet ist. Nirgends anders als dort gab es damals Wasser. Und genau an diesem Ort des Lebens verspricht Jesus der Frau Wasser für ihre Seele. Wasser, das ihr sinnloses Leben, ihr mißhandeltes und mißbrauchtes Leben wieder erblühen und auferstehen läßt. Jesus meinte damit nicht nur Brunnenwasser, das man trinken kann, sondern die Kraft und Liebe Gottes zu dieser Frau. Er wollte sie mit anderen Augen sehen als die Mitmenschen, die sie ablehnten und ausgestoßen hatten. In Jesu Augen war sie ein von Gott gewollter Mensch. Und so sollte sie von nun an weiterleben. »Wenn du deinen Durst nach Leben durch mich stillen läßt«, sagt Jesus, »dann werden dir Freude und Erfüllung nicht ausgehen. Und du wirst auch Durststrecken im Leben überwinden können. Vertrau dem, was ich sage. Denn meine Worte entfalten Kräfte, die dein Leben aufblühen lassen aus der wüsten Einsamkeit.

Ihr Menschen, öffnet euch aus eurer Verkrümmung. Entfaltet eure Gaben so, daß Menschen neben euch Platz haben und sich wohlfühlen und daß auch ihre Stärken von jedem geachtet werden. Jeder von euch soll aus Schuld und Versagen wieder aufstehen können. Leben soll euch wieder umgeben. Ich, Jesus, gebe Leben über den Tod hinaus. Niemand sonst kann euch das geben. Darum folgt mir nach. Sorgt nicht darum, daß ihr Wichtigeres versäumen könntet, sondern laßt mich die Mitte eures Lebens sein.«

So hat Gott das Leben gemeint: daß wir uns öffnen und ohne Angst auf andere Menschen zugehen können. Gottes Rückhalt läßt uns mit wachen

Augen sehen, mit offenen Ohren hören und den Mund offenherzig auftun. Auf Gottes Namen seid ihr getauft, und nun kann das Leben unter seinem Segen zur Freude werden.

Wenn wir das ernstnehmen, brauchen wir nicht um das Leben zu kämpfen, denn es ist uns geschenkt. Wir brauchen nicht zu meinen, ständig um Vorteile gebracht zu werden. Im Gegenteil: Wer unter Gottes Segen teilt, soll gelassen spüren, wie sich die Freude vervielfacht. Dafür soll das Wasser der Taufe ein Zeichen sein: daß Gott die Mitte ist, von der das Leben sich ausbreitet. Denn dazu ist Christus gestorben und wieder auferstanden, daß nicht der Tod, sondern das Leben das letzte Wort hat. Bleibt bei Gott, nehmt sein Wort in euch auf wie die Pflanzen das Wasser, dann wird euer Leben erlöst aus verkrampfter Einsamkeit. Ihr werdet euch öffnen und leben, könnt getrost sterben und zum ewigen Leben auferstehen.

Ja, das alles ist ein Wunder. Gott schenkt es uns!

Amen.

Beflügelt von Gottes Kraft

Kinderkurs Taufe
Dorothee Eisrich

Seit einigen Jahren gibt es in den Gemeinden des Kirchenbezirks Waiblingen einen Kinderkurs Taufe und Abendmahl. In der Waiblinger Michaelskirchengemeinde wird er jedes Jahr zwischen Weihnachten und Ostern mit den Kindern der dritten Klassen der Gemeinde durchgeführt. Die Kinder und deren Eltern werden zwei Monate vorher angeschrieben und auf den Kinderkurs aufmerksam gemacht. Eine telefonische Kontaktaufnahme oder Besuche bei den Familien erweisen sich als hilfreich. Etwa die Hälfte der angesprochenen Kinder melden sich schließlich an.

Das Grundmuster des Kinderkurses bleibt konstant: Es finden vier Nachmittage zur Taufe mit anschließendem Tauferinnerungsgottesdienst und vier Nachmittage zum Abendmahl mit anschließendem Abendmahlsgottesdienst (s.u. S. 119ff.) statt. Die einzelnen Formen und Inhalte können je nach eigenem Schwerpunkt variieren. Der Kinderkurs bietet eine gute Möglichkeit, zwischen Taufe und Konfirmation Kontakt mit den Kindern und ihren Eltern zu halten bzw. herzustellen. In einem Alter, in dem Kinder für religiöse Themen relativ aufgeschlossen sind und die Pubertät noch nicht ihre Schatten vorauswirft, haben Kinder und Eltern die Möglichkeit, ihre eigenen Erfahrungen mit »Kirche« zu machen. Noch nicht getaufte Kinder nehmen oft den Anlaß wahr, sich zu diesem Zeitpunkt taufen zu lassen. Der beim Kinderkurs geknüpfte Kontakt zu den Eltern bleibt oft über Jahre hin erhalten.

Begleitende Elternarbeit

Bereichernd ist es, wenn die Eltern an der Vorbereitung und Durchführung des Kurses beteiligt werden können:

- Ein Elternabend vor Beginn des Kurses zur Information ermöglicht das gegenseitige Kennenlernen und die genaue Absprache darüber, welcher Nachmittag für die Kinder am geeignetsten ist.
- Thematische Elternabende zu Taufe und Abendmahl sind eine gute Gelegenheit, die Erfahrungen der Eltern mit diesen beiden Sakramenten zu hören und aufzunehmen. Darüber hinaus kommen von den Eltern gute Anregungen für die Gestaltung des Kurses und der Gottesdienste.

- Die konkrete Mitarbeit der Eltern an den Nachmittagen und bei den Gottesdiensten wurde überraschend stark wahrgenommen.

Vier Nachmittage zum Thema: »Ich bin getauft«

An den vier Nachmittagen zur Taufe bin ich jeweils von einem Symbol ausgegangen, das bei der Taufe eine Rolle spielt. Die vier Symbole bildeten dann den roten Faden auch für den Tauferinnerungsgottesdienst.

Übersicht über den Kursverlauf

1. Symbol — **Name**

Einstieg ins Thema	Taufschale mit Namenskärtchen als Geschenk verpackt Kennenlernspiele
biblische Geschichte	Jesus beruft Menschen, ihm nachzufolgen (Mt 9,9-13; Mk 1,15-20)
Vertiefung	Fotos von Kindern machen Namenswand gestalten

2. Symbol — **Wasser**

Einstieg ins Thema	Wasserbehälter schmutzige Hände waschen
biblische Geschichte	Errettung aus dem Schilfmeer (Ex 14)
Vertiefung	Papierblume basteln, die im Wasser »aufblüht« weitere Wasserspiele

3. Symbol — **segnende Hände**

Einstieg ins Thema	Taufbilder und -kerzen der Kinder betrachten Wer darf segnen?
biblische Geschichte	Jakob erschleicht sich den Segen seines Vaters (Gen 27) Kindersegnung (Mk 10)
Vertiefung	Segenslieder Taufaltar malen: »Ich will dich segnen und du sollst ein Segen sein« (Gen 12,2)

4. Symbol — **Licht**

Einstieg ins Thema	im abgedunkelten Raum Teelichter suchen, für jedes Kind eines anzünden
biblische Geschichte	Jesuswort: Ich bin das Licht der Welt – ihr seid das Licht der Welt (Mt 5,14-16)
Vertiefung	Taufkerzen gestalten Tauferinnerungsgottesdienst vorbereiten

1. Kursnachmittag   *Gott hat mich bei meinem Namen gerufen*

Alle Kinder sitzen im Stuhlkreis, ein bis zwei Lieder eröffnen den Nachmittag. Ein Päckchen, in Geschenkpapier eingepackt, wird in die Mitte gelegt. Nach allgemeinem Herumrätseln wird es von einem Kind ausgepackt. Eine Taufschale kommt zum Vorschein, in der lauter bunte Namensanstecker mit dem Namen der Kinder liegen. Die Leiterin erläutert: Wir sind getauft, Gott hat uns bei unserem Namen gerufen, er hat uns lieb, auch wenn wir ihn nicht sehen. Sie nimmt die Namensanstecker einzeln aus der Taufschale, liest die Namen laut vor und überreicht sie dem jeweiligen Kind. Eine feierliche, fast andächtige Atmosphäre entsteht.
Es folgen einige Kennenlernspiele, um sich die eben gehörten Namen einzuprägen und sich auf spielerische Weise näher kennenzulernen. Wenn alle erhitzt sind, gibt es Pause mit Saft und Gebäck.
Berufungsgeschichten Jesu (Mt 9,9-13; Mk 1,15-20) werden erzählt und nachgespielt. Es wird deutlich: Wir alle werden von Gott angesprochen und zur Nachfolge eingeladen, egal, wie beliebt oder unbeliebt, wie witzig oder langweilig, wie schlau oder einfach wir sind.
Die Gestaltung einer großen Namenswand, Fotos von jedem Kind und ein Schlußlied schließen den ersten Nachmittag ab.

2. Kursnachmittag   *Wasser*

Auf spielerische Weise machen wir uns die verschiedenen Bedeutungen von Wasser bewußt: Wasser wäscht Schmutz ab (Hände mit Lehm beschmieren und waschen); Wasser ist bedrohlich (Puppe im Wassereimer geht unter). Dabei wird über die religiöse Dimension des Symbols gesprochen: Was beschmutzt uns? Was färbt ab? Wir brauchen uns nicht zu verstecken. Gott will, daß nichts uns trennt. Und das Bedrohliche: Belastendes kann uns zuviel werden. Sturm kann über uns hereinbrechen. Gott hat sein Volk aus dem Wasser errettet (Schilfmeer, Ex 14), hält und rettet uns bis heute.
Nach der Pause dann die dritte Dimension: Wasser schenkt Leben, ist lebensnotwendig.
Papierblume zusammengefaltet in Wasserschale legen und beobachten, wie sie im Wasser aufgeht. Jesuswort: Ich bin das lebendige Wasser. Papierblumen mit den Kindern basteln und im Wasser schwimmen lassen.

3. Kursnachmittag   *Segnende Hände*

Einstieg: Kinder bringen Taufbilder, Taufkerze und Taufkleid oder sonstiges von ihrer Taufe mit. Die Frage wird gestellt: Was wißt ihr noch von eurer Taufe? Ein Spiel macht das Vorwissen der Kinder bewußt. Sie schreiben um die Wette möglichst viele Antworten zu Fragen über die Taufe auf (z. B.: Was braucht man alles zur Taufe?)
Es beeindruckt die Kinder, daß einmal eine segnende Hand über ihnen war. Eine Gesprächsrunde schließt sich an: Was bedeutet das wohl, gesegnet zu werden? Wer darf segnen? Wo gibt es Segen?

Die biblische Geschichte, wie Jakob sich den Segen seines Vaters erschlichen hat (Gen 27), zeigt, wie kostbar der Segen für einen Mensch sein kann. Die Kinder hören, daß auch Jesus die Kinder segnete (Mk 10) und daß diese Geschichte bei jeder Taufe erzählt wird.

Vor und nach der Pause singen und lernen wir neue Segenslieder (Gott, dein guter Segen LJ 382; Herr, dein guter Segen LJ 391; In deinen Augen kann ich schöner werden, aus: Segensworte Nr. 72). Eine Mutter hat Karten vorbereitet, die wie ein Flügelaltar aufzuklappen sind. In der Mitte steht das Wort: »Ich will dich segnen und du sollst ein Segen sein« (Gen 12,2). Die Kinder malen auf den Außen- und der Innenseite der Karte ihren eigenen »Taufaltar«. Die Kinder sind ganz versunken in ihre Arbeit und es entstehen ergreifend schöne Bilder.

4. Kursnachmittag   *Ihr seid das Licht der Welt*

Spiele im Dunkeln eröffnen den Nachmittag. Dann muß jede/r im dunklen Raum ein verstecktes Teelicht suchen und sich an seinen Platz setzen. Die Leiterin zündet eine Kerze an, erzählt von dem Jesuswort »Ich bin als Licht in die Welt gekommen – auch ihr sollt Licht sein« (Mt 5,14-16). Dabei wird ein Teelicht nach dem andern angezündet, das die Kinder vor sich stehen haben. Dann wird ausprobiert, was es heißt, das Licht unter den »Scheffel zu stellen«. Die Leiterin bläst ihr Licht aus und fragt: Und was, wenn das Licht erlischt?

Nach der Pause gestaltet jedes Kind eine Taufkerze mit eigenen Motiven. Der Tauferinnerungsgottesdienst wird vorbereitet. Die Kinder werden über den Ablauf informiert und die Lieder nochmals gesungen. Jedes Kind schreibt auf einen Zettel seine Gedanken zu der Frage: Ich bin getauft – was bedeutet das?

Tauferinnerungsgottesdienst

Der sich anschließende Tauferinnerungsgottesdienst wurde als Familiengottesdienst gefeiert, bei dem auch die Kinder des Kindergottesdienstes miteinbezogen waren. Meine Anliegen bei diesem Gottesdienst waren:

- Alle anwesenden Kinder sollen die Tauferinnerung gleichberechtigt mitfeiern können.
- Die Kinderkurskinder bringen in diesen Gottesdienst ein, was sie vorher zur Taufe erarbeitet haben, sollen aber nicht »vorgeführt« werden.
- Erwachsene sind nicht bloße Zuschauer, die ihre Kinder zur Tauferinnerung vorschicken, sondern sie feiern mit.
- Es soll ein mutmachender, bei aller Erinnerung doch nach vorn gerichteter Gottesdienst sein, der spürbar macht, daß wir neu auf den Weg geschickt sind.

Gottesdienstverlauf

Einzug und Lied der Kinder   *Es läuten alle Glocken*
(Monika Hofmann u.a., Mama, es glockt, München 1996)
Kinder ziehen Glocken läutend und singend in die Kirche ein.

Orgelvorspiel

Kirchenchor   *Lobet den Herren (EG 447)*

Begrüßung und Eingangswort

Lied   *Du meine Seele, singe (EG 302,1.3.8)*

Psalmgebet nach Psalm 8   *Wunderbare Welt*
(EG Württemberg 766; Sagt Gott S. 19)

Eingangsgebet

Gott,
mit jedem neuen Tage
schenkst du uns Zeit und Zukunft;
Zeit, die wir füllen dürfen mit Hoffnung;
Zeit, die wir gestalten können zum Guten;
Zeit, in der wir Gemeinschaft erfahren;
Zeit, die zur erfüllten Zeit werden soll.

Wir danken dir für diesen neuen Tag.
Laß uns erfahren, wer du heute für uns bist.
Sei du jetzt in unserer Mitte
und laß uns offen werden vor dir.

Wir beten weiter in der Stille,
miteinander und füreinander.
Stille
Wenn ich dich anrufe,
so erhörst du mich
und gibst meiner Seele große Kraft.
Amen.

Christel Hildebrandt

(Aus: Christel Hildebrandt (Hg.), Gott schenkt uns Zeit und Zukunft. Texte für Feier, Meditation und Gemeindegruppen, Quell Verlag, Stuttgart 1994, S. 14 – leicht verändert.)

Schriftlesung   *Mk 10,13-16*

Lied   *Gott wohnt in einem Lichte (EG 379,1.2.5)*

Gedanken zur Taufe

Im Kinderkurs haben wir uns Gedanken darüber gemacht, was es für uns bedeutet, getauft zu sein. Die Kinder haben ihre Gedanken aufgeschrieben und werden sie uns nun sagen.

- Es ist sehr schön, getauft zu sein, weil ich den Segen Gottes bekam.
- Ich bin getauft, weil ich zu Gott gehöre.
- Getauft sein heißt für mich: Gott schützt mich. Ich bin von Gottes Mund gerufen worden. Mein Licht wurde von Gott angezündet. Ich habe einen Teil von Gottes Segen bekommen.
- Wenn ich getauft bin, werde ich mein ganzes Leben von Gott beschützt. Ich lerne das Böse und Gute kennen und lerne, mich mit andern nicht immer zu streiten.
- Es ist sehr schön, getauft zu sein. Es ist, daß Gottes Hand über mir ist.
- Daß ich getauft bin, das heißt für mich, daß ich geborgen bin und daß ich keine Angst haben muß und daß Gott bei mir ist. Das ist schön und gut.

Ansprache

Liebe Kinder, liebe Eltern, liebe Gemeinde,
es ist schön, getauft zu sein, so haben uns die Kinder gesagt. Und ihr habt uns auch eure Gründe genannt. Wir brauchen keine Angst mehr zu haben. Gottes Hand ist über uns und beschützt uns. Wenn ich sagen sollte, was es für mich bedeutet, getauft zu sein, so möchte ich (euch) zunächst eine kleine Geschichte erzählen, die ich von meinem kleinen dreijährigen Sohn gelernt habe. Er hat einmal einer Frau einen wunderschönen Garten gezeigt und ihr ganz unvermittelt erzählt, daß er in diesem Garten getauft worden ist. Die Frau war zunächst natürlich verblüfft. Aber er konnte es sich wohl gar nicht vorstellen, daß wir Erwachsene immer nur in geschlossenen Kirchenräumen taufen, sondern meinte, das muß draußen sein, mitten im Grünen, wo man spielen und rennen kann und wo es Bäume und Blumen gibt. Und dann hat er weiter gesagt: »Und genau dann, als Gott mich getauft hat, habe ich Flügel bekommen.«
Ich denke, schöner kann man es eigentlich gar nicht sagen, was es heißt, getauft zu sein. Eine Kraft zu spüren, die mich beflügelt und mir Hoffnung gibt, loszufliegen wie ein Schmetterling, Gottes segnende und schützende Hand zu spüren nicht nur in der Kirche, sondern draußen mitten im Leben. Und doch denke ich manchmal, es ist gar nicht so leicht, in allen Lebenssituationen dieses Vertrauen zu behalten und den Mut nicht zu verlieren. Wir leben ja nicht in einer heilen Welt oder in einem schönen Garten, in dem es leicht ist, sich zu freuen. Es gibt so viele Dinge, die uns wirklich die Hoffnung rauben können: wenn in der Familie plötzlich jemand ernstlich krank wird, wenn Jugendliche keinen Arbeitsplatz finden, wenn das Klima in den Betrie-

ben immer schlechter wird und die Arbeitslosigkeit steigt und steigt. Wo sind sie dann zu spüren, diese Flügel Gottes, die beschützen und beschwingen? Getauft sein, das spüren wir deutlich, heißt nicht, daß wir verschont bleiben von Leid und Ungerechtigkeit. Es heißt nicht, daß unser Leben immer sorglos und glücklich bleibt. Aber was heißt es dann?

Ich weiß nicht, ob sie sich noch an Jakob erinnern, diese biblische Gestalt, der sich nicht nur eigene Vorteile um ein Linsengericht erschlich, sondern ein Mensch, der auch zu handfesten Drängeleien in der Lage war. Als dieser Jakob aus seiner Heimat ausziehen mußte und die Angst vor der ungewissen Zukunft ihm zu schaffen machte, sagte Gott zu ihm ein Wort, das ihn von da an durch alle Höhen und Tiefen seines Lebens trug: »Siehe, ich bin mit dir und will dich behüten, überall, wo du hingehst. Ich will dich in dieses Land der Verheißung zurückbringen und will dich nicht verlassen, bis ich alles getan habe, was ich dir verheißen habe.«

Solchen langen Atem, solche Flügel, bedeuten mir die Taufe. Auch wenn wir von manchem Schweren nicht verschont bleiben, auch wenn manches in unserer Welt schreiend ungerecht bleibt: uns ist etwas verheißen, was uns Grund gibt, nicht zu resignieren oder aufzugeben. Uns allen ist Leben verheißen, erfülltes, behütetes Leben. Den arbeitslosen Jugendlichen und den mißhandelten Kindern, den Trauernden und denen, die in unserer Gesellschaft hungern und dürsten nach Gerechtigkeit. Wir alle sollen satt werden. Ich will dich nicht verlassen, bis ich alles getan habe, was ich dir verheißen habe.

Und so tut es gut, an einem Tag wie heute daran erinnert zu werden: Es gibt eine Kraft, die auch uns durch alle Höhen und Tiefen im Leben begleitet; es gibt ein Licht, das wir weitertragen können in diese Welt. In einem Taufgebet von Anton Rotzetter heißt es so:

Du göttliches Leben,
erfüll uns mit Leidenschaft für das Leben,
das du uns schenkst,
für das Leben der Kinder
und für unser eigenes Leben.
Du göttliche Liebe,
laß uns dich erkennen
als Quelle des Menschseins,
als Kraft, die uns vorantreibt
durch Jesus Christus, unseren Herrn.
Amen.

Anton Rotzetter

(aus: Anton Rotzetter, Gott, der mich atmen läßt, Verlag Herder, Freiburg 9. Aufl. 1993.)

Aktion   *Kinder sammeln die Namen ein*

Bei der Taufe wurde zu uns gesagt: »Fürchte dich nicht, denn ich habe dich erlöst, ich habe dich bei deinem Namen gerufen, du bist mein (Jes 43,1)«. Heute wollen wir uns daran erinnern, daß auch ich bei meinem Namen gerufen worden bin. Und so darf ich Sie nun bitten, daß Sie alle ihren Namen – nur Ihren Vornamen – auf den Zettel schreiben, den die Kinder gleich durch die Stuhlreihen geben werden. Die Kinder bringen die Zettel dann nach vorne. Und so sind Sie durch Ihre Namen vertreten nachher mit in dem Kreis, den die Kinder um den Taufstein bilden, wenn wir die Tauferinnerung feiern. Während wir die Namen schreiben, spielt die Orgel.

Die Bewegung, die durch diese Aktion in die Kirche kommt und die ungezwungene Kontaktmöglichkeit der Gemeinde mit den Kindern ist sehr belebend.

Tauferinnerung und Segen

Und nun darf ich alle Kinder, die heute in der Kirche sind, bitten, nach vorne zu kommen und um den Taufstein einen großen Kreis zu bilden.
Gott hat gesagt: »Gesegnet ist der Mensch, der sich auf Gott verläßt. Der ist wie ein Baum, am Wasser gepflanzt. Er bringt Frucht zu seiner Zeit und seine Blätter verwelken nicht.« (Ps 1,3)

Die Namen der Erwachsenen werden an eine Stellwand geheftet, an die sich der Kreis der Kinder anschließt.

Wie damals bei unserer Taufe das Wasser alles Trennende zwischen Gott und uns abgewaschen hat, wie damals die segnende Hand über uns war, so sollen wir auch heute im Namen Gottes gesegnet sein. Es sollen gesegnet sein Eltern und Kinder, Große und Kleine, damit wir einander achten und verstehen. Es sollen gesegnet sein Sympathische und Unsympathische, Starke und Schwache, damit wir einander Brüder werden und Schwestern. Es sollen gesegnet sein Glaubende und Suchende, damit wir alle eins werden in Gott. Gott segne und behüte euch, und ihr sollt ein Segen sein für die bedrohte Welt und die Menschen dieser Erde. Der Friede Gottes sei mit euch und mit allen Menschen. Amen.

Die Kinder fassen sich an den Händen und bleiben still stehen.

Chor   *Selig seid ihr (EG Württemberg 651; LJ 608)*

Taufkerzen anzünden

Die Kinder werden gebeten, die im Kinderkurs gestalteten Taufkerzen nach vorne zu bringen.

Christus spricht: Ich bin das Licht der Welt. Werdet auch ihr zu Kindern des Lichts. Laßt euch anstecken mit Hoffnung und Freude. Wir zünden nun unsere Kerzen an der Auferstehungskerze an und geben das Licht einander weiter.

Prozession der Kinder durch die Kirche

dazu Gemeindelied   *Vertraut den neuen Wegen (EG 395,1-3)*

Dieses Lied wollen wir nun miteinander singen. Damit wir es vor Augen haben, daß Gott uns wirklich als Licht in die Welt schickt, dürfen die Kinder während des Liedes einmal mit ihren Kerzen durch die ganze Kirche ziehen.

Kinder ziehen in immer neuen Kreisen durch die Kirche.

Fürbittengebet und Vaterunser

LiturgIn:
Wir erheben uns zum Fürbittgebet.
Gott,
als deine Gemeinde stehen wir vor dir.
Du traust uns zu, Licht zu bringen in unsere Welt.
Doch wir sehen oft nicht, was wir tun können.
Nimm von uns unseren Kleinglauben
und schenke uns wieder ein Herz voller Hoffnung.
Wir bitten dich, erbarme dich.
Kind:
Lieber Gott,
wir bitten dich heute für alle Kinder,
daß sie alle jemanden finden,
der sie gern hat
und niemand Not leiden muß.
Mutter:
Fürbitte mit eigenen Worten
LiturgIn:
Gott, wo du bist,
verlieren Angst und Vorurteile ihre Macht.
Darum laß uns immer wieder bei dir sein
und mit dir leben.
Gemeinsam beten wir: Vater unser ...

Kirchenchor

Abkündigungen – Segen – Orgelnachspiel

Mit dem »Tauferinnerungstuch«

Kinderkurs Taufe und Tauferinnerung
Günter Teichgraeber

Der Kinderkurs Taufe

Vorüberlegung

Der ›Kinderkurs Taufe‹ findet in der Dietrich-Bonhoeffer-Gemeinde in Waiblingen seit 1990 jedes Frühjahr mit Schüler/innen des dritten Schuljahrs statt. Im Januar/Februar werden die Kinder des Jahrgangs angeschrieben und als erstes die Eltern zu einem Elternabend eingeladen. An vier Nachmittagsstunden wird ein Familiengottesdienst vorbereitet. Im Durchschnitt sind zehn Kinder beteiligt gewesen; einige sind noch nicht getauft.

Elemente und Medien

Die *Tauferinnerungstücher*, aus Nessel (75x75 cm), auf die schon vor Beginn des Kurses mit roter Stoffarbe bzw. in Siebdruck ein Motiv (Alpha, Omega, Kreuz, Sonne, Mond und Fisch) aufgetragen worden ist. Die Idee und die Vorlage dazu stammen vom Kirchentag Düsseldorf 1985 (U. Faulenbach). Die Kinder malen die Tücher mit Stoffarben aus, und Mütter bzw. Eltern können ihnen dabei behilflich sein. Die Tücher finden im Gottesdienst vielfache Verwendung.

Lied *über vier Wassergeschichten des Ersten Testaments und die Taufe Jesu nach der Melodie ›Die güldene Sonne bringt Leben und Wonne‹ (EG 444)*

1. Du weißt die Geschichten,
die Menschen berichten
seit uralter Zeit.
Die Sagen, Legenden,
von aller Welt Enden,
sie gelten uns heut.

2. Weil Noah, der Alte,
vor Wassergewalten
bei Gott fand Gehör,
will er nicht verlieren
auch dich mit den Tieren
auf tobendem Meer!

3. Und hört ihr im kleinen
Schilfkörbchen das Weinen?
So weint jedes Kind.
Habt ihr mit dem armen
doch bitte Erbarmen
und rettet's geschwind!

4. Genug ist gelitten!
Mit tapferen Schritten
durch's Meer ziehn sie frei.
Hab Mut und Vertrauen
und laß dir nicht grauen,
dann bist du dabei.

5. Wir sind nicht Propheten,
aus Fischbäuchen beten,
das bringt uns nur Spott.
Da mußt Du in Nöten
zur Seite uns treten,
selbst Fisch sein, o Gott!

6. Zur Taufe des Mannes
am Jordan, Johannes,
laß, Jesus, uns zu!
Wir dürfen dir glauben
Licht, Stimme und Taube,
getauft sein wie du!

7. Mit Gott sei's begonnen,
der Monde und Sonnen

des Himmels bewegt.
Herr, Dir in die Hände
sei Anfang und Ende,
sei alles gelegt.

(Text: Strophe 1-6 vom Verfasser, Strophe 7 von Eduard Mörike)

Darstellung des Kursverlaufs

1. Kursnachmittag

Kursnehmen auf das Fest

Die Kinder schreiben ihre Namen auf etwa 10 cm große aus Karton ge-
schnittene Fische, die auf blaues Tonpapier geheftet werden. Wir beginnen
den ›Kinderkurs Taufe‹, wir nehmen Kurs auf unser Fest der Taufe und Tauferinnerung.

Wasser – ein Element, mit dem man was erleben kann

Das Taufbecken oder eine Schüssel mit Wasser regen das einleitende freie
Gespräch über Erfahrungen mit Wasser und über die Taufe an. »Die Taufe ist
ein Erlebnis mit Wasser, das eure Eltern mit euch gefeiert haben, aber an das
sich die meisten (?) von euch nicht erinnern, weil ihr noch zu klein wart.«
Alternativ: Fotos aus BROT FÜR DIE WELT-Kalendern, auf denen Wasser in
unterschiedlichen Zusammenhängen zu sehen ist, werden ausgelegt. Die
Kinder lenken die gemeinsame Aufmerksamkeit auf das, was sie interessiert: »Ich sehe was, was du nicht siehst ...«. Danach kommt das Gespräch
auf eigene Erlebnisse mit Wasser.
Ein Spiel bringt Ausgleich durch Bewegung: Ein großes Schwungtuch (notfalls
genügt ein Bettlaken) ist, an den Säumen angefaßt, geeignet, »Meereswogen«
zu erzeugen, dabei auch einen Ball oder (vorsichtig) ein Kind zu tragen.

Noah wird von Gott die Angst vor dem Wasser genommen

Wir betrachten das Bild von Marc Chagall: Noah entläßt die Taube (aus:
Christoph Goldmann, Kinder entdecken Gott mit Marc Chagall, Göttingen
1978, S. 19). Das Wasser bedeutet hier das, was uns bedroht. Zur Sprache
kommt die Stimmung des ungeduldigen Wartens, der Sehnsucht nach Freiheit: »Wann ist es endlich vorbei?« Die Tauben, die mit dem Ölblatt und die,
die nicht zurückkommt, zeigen: Du brauchst keine Angst zu haben!
Die Bildbetrachtung wird abgeschlossen mit dem wiederholt gemeinsam
gesprochenen Wort »Gott spricht: Fürchte dich nicht. Ich habe dich erlöst,
ich habe dich bei deinem Namen gerufen, du bist mein.« (Jes 43,1) Dieser
Spruch wird oft über einem Kind bei seiner Taufe gesprochen.

2. Kursnachmittag

Einstieg

Einführung des Liedes ›Du weißt die Geschichten‹. Wiederholung der Wassergeschichten von Noah anhand der Liedstrophen 1 und 2.

Mose wird von Gott aus dem Wasser gezogen

Die in den Strophen 3 und 4 zugrunde liegende Geschichte von Mose im Schilfkörbchen und vom Durchzug Israels durch das Schilfmeer ist den Kindern des dritten Schuljahrs in der Regel bekannt. Die beiden Strophen können gesungen und pantomimisch aufgeführt werden.

Jona wird von Gott im Wasser getragen

Dann wird das noch nicht ausgemalte Tauferinnerungstuch gezeigt. Was bedeuten die bildhaften Motive? Der große Fisch kommt in der Geschichte von Jona vor, die den Kindern meist schon begegnet ist. Er ist ein Bild für Gott selbst, der einen Menschen im »Meer seiner Angst« (Krankheit, Trauer, Ratlosigkeit·...) auffängt und ans rettende Ufer trägt. (Fürchte dich nicht!) Am nächsten Nachmittag werden wir das Tuch ausmalen.

Jesus hört am Wasser des Jordan: Gott kommt euch nah (Mk 1,4f.)

Zu Strophe 6 sehen wir ein Bild aus christlicher Kunst von der Taufe Jesu z. B. vom Meister der Goldenen Tafel aus Lüneburg (Jörg Zink, Diabücherei Christliche Kunst, Band 12, Bild 19, Eschbach/Markgräflerland, 1983.)
Alternativ:
Egli-Figuren helfen, die Geschichte von der Taufe Jesu zu erzählen.
Erzählung der Taufe Jesu nach Mk 1,4f.: Johannes der Täufer hat es sehr ernst gemeint. Viele Menschen hören ihm zu am Ufer des Jordan. Sie sehen bekümmert aus ... Den Eltern von Lea tut es sehr leid, daß sie sich verletzt hat, weil sie einen Augenblick nicht auf sie achtgegeben haben. Der Handwerker bedauert, daß er sich nicht mehr mit seinem Vater vertragen hat, bevor er gestorben ist. Einem Mann und seiner Frau macht es viel aus, daß sie sich in letzter Zeit so viel streiten. Auch Soldaten sind da, die es wieder gut machen wollen, daß sie wehrlosen Leuten etwas weggenommen haben ...
Johannes sagt: »Gott kommt euch nahe! Hautnah wie das fließende Wasser. Mit dem, was euch bedrückt, dürft ihr in den Fluß eintauchen und es vom Wasser wegnehmen lassen. Wenn ihr aus dem Wasser steigt, dürft ihr neu anfangen.«
Aber wird die kleine Lea zur Taufe des Johannes zugelassen? Oder ein Kranker, ein Mutloser? Jesus hat sich gerade um solche Menschen gekümmert. Er läßt sich von Johannes taufen. Weil er uns bei sich haben will, durften wir schon als kleine Kinder auf seinen Namen getauft werden. (Oder dürfen es jetzt.)

3. Kursnachmittag

Das Tauferinnerungstuch

Die Kinder malen das Tuch mit Stoffarben aus. Eltern können ihnen dabei behilflich sein. Das Tuch wird im Gottesdienst vielfach Verwendung finden. Das Lied wird wiederholt. Die letzte Strophe nimmt Bezug auf das Alpha und Omega auf dem Tuch. Die Arbeit am Tuch wird auf den 4. Nachmittag ausgedehnt, wenn ein Teil der Kinder jeweils die Tauf(erinnerungs)kerze verziert.

4. Kursnachmittag

Der Gottesdienst wird vorbereitet

An ihren Plätzen in der Kirche wird den Kindern der Ablauf des Gottesdienstes mit ihren verschiedenen Aktivitäten erklärt. Sie bekommen das Programm mit den Liedern gezeigt und üben das gemeinsam Gesprochene. Das Lied ›Laßt uns miteinander‹ (LJ 403) kann von Bewegungen begleitet werden.

Tauf- und Tauferinnerungsgottesdienst

Die Sitzordnung ist halbkreisförmig um das geschmückte Taufbecken, die vordere Stuhlreihe gehört den Kindern.

Orgelvorspiel

Votum

Gott spricht: Fürchte dich nicht, ich habe dich erlöst, ich habe dich bei deinem Namen gerufen, du bist mein!

Bei der Begrüßung wird, wenn der Gottesdienst im März stattfindet, an den ›Internationalen Tag des Wassers‹ (22.3.) erinnert. Wir wollen daran denken, wie kostbar Wasser ist, und sorgfältig mit ihm umgehen.

Lied *Ohne Wasser können wir nicht leben*
(Neue Lieder II, Neuhausen-Stuttgart 1983, Nr. 780)

Psalmgebet *Psalm 36*

Gebet

Ja, unseren Weg möchten wir gehen im Licht,
von dir, Gott, unserem Schöpfer gesegnet
mit den Gaben der Erde, mit Lachen und Fröhlichsein.
Aber so manches Mal fürchten wir uns in der Welt,
da ist es, als wenn das Land untergeht, auf dem wir stehen,
das Wasser der Angst geht uns bis zum Hals,

und wir verlieren dich aus den Augen, du unser Gott.
Du, Jesus, nimmst uns da an deine Seite,
in deiner Nähe, untergetaucht mit dir,
getauft mit dir ein- für allemal,
brauchen wir uns nicht mehr zu fürchten.
So freundlich bist du zu uns – gib uns heute deinen Segen.

Stille und Lesung   *Matthäus 28,18-20*

Glaubensbekenntnis der Gemeinde

Lesung   *Markus 1,9-11* **und Ansprache**

Ganz kurz erzählt Markus in dieser wichtigsten Wassergeschichte: Jesus wurde untergetaucht, getauft von Johannes im Jordan. Wir wissen, wie wichtig das Wasser zum Leben ist, wie lebensnotwendig, aber zugleich wie lebensgefährlich es ist. Darum haben die Menschen überall auf der Welt solche Taufen und Taufbäder, und seit den ältesten Zeiten erzählen sie sich Geschichten von einer gefährlichen Flut. Sie erinnern daran, daß wir Menschen mit unserem kleinen Leben immer bedroht sind.
(Oft sind wir selber schuld an den Gefahren, die uns drohen, vielleicht weil Flüsse begradigt und Wälder abgeholzt wurden.)
Beinahe überall auf der Welt gibt es Geschichten von einer großen Flut, einer Sintflut. In der Bibel ist es Noah, der sie mit seiner Familie und mit den Tieren übersteht. Gott nimmt eine einzige Familie so wichtig, als wäre es die ganze Menschheit.
Es ist keine Geschichte von lang vergangenen Zeiten. Es ist eine Geschichte für dich und mich, mit dir und mir.
Du sollst dabei sein mit Noah, in dem Kasten, der durch die Flut der vielen Ängste, der lebensbedrohenden Gefahren getragen wird. Deinen Hamster, deinen Langhaardackel, das Kätzchen, dein Lieblingstier, darfst du fest an dich drücken. Auch die Tiere, die dir nicht so gefallen, sollen gerettet werden, der Maulwurf, die Feldmaus, die Spinne.
Eine Hoffnungsgeschichte für alle Lebewesen ist die erste Wassergeschichte, und jede und jeder von euch ist ein Herr, eine Frau Noah. Du wartest hinter deinem viereckigen Fenstervorhang – wann ist es draußen endlich vorbei?
Wir haben das Bild von Marc Chagall angeschaut: Noah, die Frau, das Kind, die Tiere warten sehnsüchtig auf das Ende der Flut. Ihre Hoffnung ist wie die Taube, die durch offene Fenster hinausfliegt auf der Suche nach Land ...
Wir bitten euch: Laßt einmal euren Holzstuhl die Arche sein, da steht ihr drauf, und euer Tauferinnerungstuch ist der Fenstervorhang ...

Die Kinder steigen auf die vorn im Halbkreis gestellten Stühle und zeigen ihre ausgemalten Tücher.

Wir dürfen sehen, wie ihr's farbig gemalt habt: Das große A und das griechische O: Anfang und Ende – das Wasser ist Bild für beides. Das Kreuz in der Mitte meint Jesus: der große Fisch im weiten Meer, und dort, wo der Fisch sein Auge hat, wie in der Geschichte von Swimmy, haben die meisten ihr Namenszeichen angebracht. Sonne und Mond gehen auf und unter, Tag und Nacht – du wartest gespannt – jetzt geht der Vorhang etwas beiseite, und Herr oder Frau Noah schauen heraus … Alle, die außen ringsum sitzen, bitte ich, heftig zu klatschen. Das ist nicht nur der Beifall für das gelungene Tuch, es ist das Geräusch des Regens und der Flutwellen – aber langsam wird es leiser, immer leiser – die Flut verläuft sich.

Die Kinder setzen sich.

Tauflied   *Du weißt die Geschichten (Strophe 1 und 2)*

Alles, was lebt, kommt aus dem großen Meer, seinem Mutterschoß. Darum ist ja auch ein bißchen Wahrheit in dem Märchen, daß die kleinen Kinder aus einem großen Teich kommen, wo ein Storch sie herausgezogen hat.
Eine alte Legende in der Bibel erzählt, daß ein Kind buchstäblich aus dem Wasser gezogen worden ist: ein Baby, für das die Eltern und die große Schwester schon das Schlimmste befürchten mußten. In ihrer Not hatten sie ein Körbchen geflochten und nach allen Seiten wasserdicht gemacht, schön weich mit Tüchern hatten sie es ausgekleidet.
Ist nicht jedes kleine Kind so hilflos wie Mose, angewiesen darauf, daß jemand kommt und sein jämmerliches Weinen hört, weil es Hunger und Durst hat und alleine ist, daß jemand kommt und es rettet vor dem Tod?

Tauflied   *Du weißt die Geschichten (Strophe 3)*

Zwei oder drei Kindern kleiden den Korb mit den Tüchern aus.

Gott sei Dank – ihr bekommt eure Tücher zurück, sie versinken nicht im Nil, von Krokodilen zerzaust, Mose wird gerettet und wächst am Königshof auf. Und wie die Königstochter Mitleid hatte mit ihm, so hat er Mitleid mit den Israeliten, alten und jungen. Ihr kennt die Geschichte, wie er es endlich fertig bekommt, daß sie miteinander losziehen aus der Sklaverei in die Freiheit, auf dem Grunde des Schilfmeers. Ja, faß tapfer mit an, daß wir ja keinen verlieren auf dem langen Wanderweg. Hab Mut und Vertrauen und laß dir nicht grauen, dann bist du dabei!
Die Gemeinde bitten wir zu singen Strophe 4, währenddessen halten wir uns fest an dem rettenden Seil.

Tauflied   *Du weißt die Geschichten (Strophe 4)*

Die Gruppe der Kinder zieht so einmal rings im Kreis um das Taufbecken bzw. um den Altar.

Die nächste Strophe erinnert uns an einen Propheten, der keiner sein wollte, aus Angst. Jona heißt er, auch das bist du und ich, jemand, der oft nicht den Mut hat, zu sagen, was man doch sagen sollte. Oder man steckt den Kopf in den Sand wie der Vogel Strauß, wenn's gefährlich wird. Wozu ist so jemand eigentlich gut? Müßte man so jemanden nicht über Bord werfen, wie von Jona erzählt wird, Hau-ruck, weg mit ihm ins tiefe Wasser!

Trotzdem, auch so jemanden läßt Gott läßt nicht fallen. Er fängt mich auf in seiner starken Hand. Gottes Hand kann sein wie der rettende Walfisch. Ganz finster ist es da um mich in meiner Not und Angst. Diesmal müssen wir uns das Tuch mit dem großen Fisch vor die Augen binden ...

Die Kinder sind aufgestanden und tun dies. Da merkt man auf einmal, wie allein man sein kann, wie jemand, der krank oder traurig ist und nicht weiter weiß. »Ich schreie aus dem Rachen der Angst«, so betet Jona, »das Wasser geht mir bis zum Hals, von deinen Augen bin ich verstoßen, von allen Seiten engst du mich ein, und deine Hand liegt schwer auf mir. Wann werde ich je wieder deinen Tempel sehen? Wann werde ich wieder am Gottesdienst teilnehmen und mich meines Lebens freuen dürfen?«

Gott sei Dank! Es geht mir wieder besser; ihr nehmt eure Augenbinde wieder ab!

Tauflied   *Du weißt die Geschichten (Strophe 5)*

Die fünfte ist die wichtigste Wassergeschichte für uns. Als Jesus vor Johannes ins Wasser hineinsteigt, da muß er ganz ins Gefährliche hinein, da wird er wirklich über und über naß.

Johannes in seinem Kamelhaarmantel meinte es sehr ernst. Wehe euch, wenn ihr nicht bessere Menschen werdet, wenn ihr nicht gerechter seid! Die Taufe ist wie eine Sintflut! Nur ein frommer Mensch wie Noah wird gerettet, ein rechtschaffener Mensch. Nur wenn man sich tapfer an den Händen faßt wie die Israeliten beim Durchzug durchs Meer, durch den Jordan.

Aber was ist mit den kleinen Kindern wie Mose, die weinen, was ist mit den Erwachsenen, die in Not sind, wie Jona, krank vielleicht und behindert, verzweifelt bloß rufen können: Gott, sei doch gut zu mir! Sind sie vielleicht nichts wert bei Gott?

Doch, sagt Jesus, gerade die sind wichtig. Gerade die dürfen mit mir durchs Wasser.

Ich zeige ihnen, daß ich sie lieb habe, und darauf kommt es an. Keiner ist bei mir ausgeschlossen, und wenn er anderen noch so unmöglich vorkommt. Zeigt doch bitte vor allem den Kindern, wie sie geliebt sind von Gott, steht ihnen doch nicht im Wege! Ich habe mich taufen lassen, und weil ich Kinder bei mir haben möchte, darum dürft ihr auch Kinder zum Taufen zulassen.

Seht, und darum dürfen wir mit euch Taufe und Tauferinnerung feiern heute. Zum Teil seid ihr früher getauft worden, drei von euch werden heute getauft. Wir bitten euch, aufzustehen und mit mir zusammen diese Strophe zu sprechen zur Jesus-Wassergeschichte:

Zur Taufe des Mannes
am Jordan, Johannes,
laß, Jesus, uns zu !
Wir dürfen dir glauben
Licht, Stimme und Taube,
getauft sein wie du!

Licht, Stimme und Taube: Das *Licht* ist das erste. Eure Taufkerze möchte euch
an den offenen Himmel erinnern, der über Jesus aufgegangen ist bei seiner
Taufe, an die große Sonne, das Licht der Welt. Jeder von euch zündet sie
jetzt an der Gruppenkerze an und stellt sie auf den Altar.

Dabei werden die Namen der Kinder genannt.

Die *Stimme*: »Du bist mein lieber Sohn, du bist meine liebe Tochter ...« So
spricht die Stimme genauso zu dir und mir. Alle sprechen es mit: »Fürchte
dich nicht, ich habe dich erlöst, ich habe dich bei deinem Namen gerufen,
du bist mein!«
Und die *Taube*: Ihr breitet eure Arme wie Flügel aus und bewegt sie auch so.
In jedem von uns steckt heimlich eine Friedenstaube. So weit die Flügel sie
tragen übers Land und übers Meer als Schwalbe oder Möwe will sie die
Botschaft des Friedens tragen. Sie ist ein Bild des Geistes Gottes, überall auf
der Erde führt er Menschen zusammen in der Gemeinde Jesu.
Licht, Stimme und Taube, die dürfen wir Jesus glauben in seiner Taufe und
dürfen nach seinem Wort auch selbst getauft sein im Namen des Vaters und
des Sohnes und des Heiligen Geistes.

Die Kinder, die getauft werden wollen, treten vor.

Gemeinsam mit den Kindern singen wir die Taufstrophe und können dazu
aufstehen.

Tauflied   *Du weißt die Geschichten (Strophe 6)*

Tauffrage

Die anwesenden Eltern und Paten von L., J. und K. haben auch den Wunsch,
daß ihre Kinder getauft werden, und es ist ihre Bitte zu Gott, daß sie mehr
und mehr erfahren und lernen von der Liebe Jesu zu uns, die alle Angst
überwindet, und daß sie zu seiner Gemeinde gehören werden.
Dies können sie bestätigen und gemeinsam mit Ja antworten.

Taufhandlung

Taufspruch

Gemeinsam mit den Kindern sagen wir den Taufspruch:
Gott spricht: Fürchte dich nicht, ich habe dich erlöst, ich habe dich bei
deinem Namen gerufen, du bist mein.

Die Gemeinde setzt sich.

Taufkleid

Wenn die Christen früher frisch getauft waren, haben sie ein weißes Gewand angelegt bekommen wie einen schönen Bademantel. Sie haben »Christus angezogen«. So möchten wir euch jetzt euer Tauferinnerungstuch um die Schultern legen.

Die letzte (Mörike-) Strophe singen wir und stellen uns noch einmal das A und O, Anfang und Ende, Sonne und Mond, auf eurem Tuch vor Augen.

Tauflied *Du weißt die Geschichten (Strophe 7)*

Lied der Kindergruppe mit Bewegungen *Laßt uns miteinander (LJ 403)*

Gebet

Wir danken dir, Gott,
als Zeichen deiner Nähe und Liebe
hast du L., J. und K. und uns
die heilige Taufe gegeben.
Mitten durch
die Ängste und Ungewißheiten des Lebens
rette Du uns hindurch,
wie in einer Arche mit den bedrohten Tieren.
Wisch die Tränen ab, wie dem Kleinkind im Korb.
Mit starker Hand führe uns durchs Leben,
und wo wir fallen,
da fange uns auf mit deiner anderen Hand!
Stecke uns immer wieder ein Licht auf,
wenn wir uns an unser Getauftsein erinnern,
an deine Stimme, Jesus,
die uns zu deinen Schwestern und Brüdern ernennt,
und zu deinen Freunden,
an den Flügelschlag deines Geistes;
er verbindet uns mit Menschen
über alle Grenzen hinweg,
die Mißtrauen und Eigensucht gezogen haben.
Darum rufen wir Dich an mit dem Gebet,
das alle Grenzen überschreitet,
wie es Jesus mit uns spricht:
Vater unser im Himmel ...

Lied *Komm Herr, segne uns (EG 170)*

Segen und Nachspiel

Auf dem Weg zum Wasser des ewigen Lebens

Tauferinnerung als Gottesdienst
für die ganze Gemeinde
Uwe Grieser

Vorüberlegungen

Beide vorgestellten Modelle basieren auf folgenden Grundentscheidungen:
• Die Tauferinnerung wird einmal jährlich gefeiert. Die Gemeinde nimmt sie gerne in den Kanon der kirchlichen Feiertage auf. Der Sonntag nach Ostern eignet sich gut, weil er im Volksmund »Weißer Sonntag« heißt – in Erinnerung an die Praxis der alten Kirche, daß die zu Ostern Getauften in ihren weißen Gewändern zum Gottesdienst kamen.
• Die Tauferinnerung soll möglichst sinnenfällig gefeiert werden. Die äußerlichen Zeichen der Taufe werden darum in den Vordergrund gestellt und stark gemacht: der besondere Ort der Taufe, die besondere Kleidung, das Wasser, die Kerze, die Salbung und die Handauflegung. Diese Elemente konkretisieren die Taufe. Ihre Bedeutung wird mit den Elementen verknüpft und bleibt an die Erfahrung gebunden.
• Die Tauferinnerung wird mit einem gleichbleibenden Ritus gefeiert. Am Eingang werden die weißen Gewänder für Kinder und Schals für Erwachsene ausgeteilt. Nach dem liturgischen Eingangsteil folgt die Entfaltung eines Aspektes der Taufe durch eine Geschichte (Die Bausteine 1 bis 3 bieten hierzu unterschiedliche Möglichkeiten). Dann folgen die Prozession zum Taufbecken, die Berührung des Wassers, die Salbung, die Segnung, das Entzünden der Taufkerze an der Osterkerze und die Aufstellung in einem großen Kreis in der Kirche. Der Gottesdienst schließt mit Fürbitte, Vater Unser, Segen und Schlußlied. Die liturgische Rahmung entspricht den anderen (Familien-) Gottesdiensten der Gemeinde.
• Zum Gottesdienst werden die Kinder eines Jahrgangs schriftlich eingeladen, zusammen mit ihren Eltern und Paten. Im Gemeindebrief und bei Abkündigungen wird darauf hingewiesen, daß alle ihre Taufkerze mitbringen mögen. Der Aufwand, weiße Gewänder und Schals zu nähen, ist lohnenswert. Es lassen sich Mütter und vielleicht auch Väter finden, die bereit sind, sich für das Projekt »Tauferinnerung« an die Nähmaschine zu setzen. Der Weg zum Taufbecken verläuft spiralförmig und ist auf dem Boden mit Tesakrepp gekennzeichnet.

Ablauf des Gottesdienstes

Begrüßung an der Kirchentür

Die weißen Gewänder und Schals werden am Eingang verteilt und angelegt.

Einsingen neuer Lieder

Begrüßung

Ein herzliches Willkommen allen Kindern und Erwachsenen zu diesem Tauf-erinnerungsgottesdienst. Wir haben jetzt alle ein weißes Gewand an oder einen weißen Schal – das ist schön anzusehen. Die weiße Farbe verbindet uns. Sie erinnert uns daran, daß wir getauft sind. (Für manche zeigt sie vielleicht an, daß sie getauft werden wollen.) So verschieden wir auch sind: groß oder klein, alt oder jung, hell oder dunkel – in einem sind wir gleich, weil wir getauft sind. Die Taufe verbindet uns. Was sie bedeutet, das wollen wir uns in diesem Gottesdienst vor Augen führen.

Abkündigungen

Eingangslied *Auf, auf, mein Herz, mit Freuden (EG 112,1-3)*
Der Gottesdienst soll fröhlich sein (EG 169)

Votum

Gemeinde steht auf

LiturgIn:	Im Namen des Vaters und des Sohnes und des heiligen Geistes
Gemeinde:	Amen.
LiturgIn:	Unsere Hilfe steht im Namen des Herrn
Gemeinde:	der Himmel und Erde gemacht hat.
LiturgIn:	Der Herr sei mit euch
Gemeinde:	Und mit deinem Geist
LiturgIn:	Von Klein auf hat Gott uns begleitet.
	Daran wollen wir jetzt denken, wenn wir miteinander beten:
Kehrvers:	Du Gott hast unseren Weg begleitet
	von unserer Geburt bis jetzt.

Psalm

Gemeinde:	Du, Gott, hast unseren Weg begleitet,
	von unserer Geburt bis jetzt.
LiturgIn:	Ganz klein sind wir auf die Welt gekommen.
	Als Baby haben wir viel geschlafen
	und haben geschrien, wenn wir Hunger hatten.
Gemeinde:	Du, Gott, hast unseren Weg begleitet,
	von unserer Geburt bis jetzt.
LiturgIn:	Wir haben gelernt, das Gesicht der Eltern
	zu unterscheiden von anderen Gesichtern.
	Eines Tages haben wir ihr Lächeln erwidert.
Gemeinde:	Du, Gott, hast unseren Weg begleitet,
	von unserer Geburt bis jetzt.

LiturgIn:	Wir haben gelernt, vom Löffel zu essen und uns umzudrehen vom Bauch auf den Rücken. Es dauerte nicht lange, da konnten wir krabbeln.
Gemeinde:	Du, Gott, hast unseren Weg begleitet, von unserer Geburt bis jetzt.
LiturgIn:	Wir haben laufen gelernt, erst an der Hand, dann ganz allein. Schritt für Schritt entdecken wir Neues um uns herum.
Gemeinde:	Du, Gott, hast unseren Weg begleitet, von unserer Geburt bis jetzt.
LiturgIn:	Wir haben sprechen gelernt. Alles um uns herum hat seinen Namen. Wir können immer mehr verstehen und in Worte fassen, was uns bewegt.
Gemeinde:	Du, Gott, hast unseren Weg begleitet, von unserer Geburt bis jetzt.
LiturgIn:	Wir singen gemeinsam:
Gemeinde:	Ehr sei dem Vater und dem Sohn ...

Bekenntnis

LiturgIn:	Gott, wir danken dir, daß du uns begleitest durch unser Leben. Du hast uns versprochen, an unserer Seite zu bleiben, auch wenn wir von dir weichen. So bitten wir dich jetzt: erbarme dich unser.
Gemeinde:	Kyrie

Gnadenspruch

LiturgIn:	Es sollen wohl Berge weichen und Hügel hinfallen, aber meine Gnade soll nicht von dir weichen und der Bund meines Friedens soll nicht hinfallen, spricht Gott der Herr, dein Erbarmer.
Gemeinde:	Ehre sei Gott in der Höhe ...

Lied *O herrlicher Tag (EG Rheinland 560, 1-3)*
Ich lobe meinen Gott (EG Rheinland 673, LJ 560)

Lesung Mk 1, 9-11

Wir hören die Geschichte, wie Jesus getauft wurde. Es geschah zu der Zeit, als viele Menschen zu Johannes dem Täufer in die Wüste gingen.

Sie wollten seine Predigten hören. Und sie wollten sich taufen lassen. Ein neues Leben wollten sie anfangen. Da kam auch Jesus von Nazareth in Galiläa an den Jordan und ließ sich dort taufen von Johannes. Und kaum war er aus dem Wasser gestiegen, da tat sich der Himmel über ihm auf. Und er sah den heiligen Geist wie eine Taube auf sich herabkommen. Und da geschah eine Stimme vom Himmel: »Du bist mein liebes Kind, an dir habe ich Wohlgefallen.« Und Jesus spürte, daß Gott zu ihm gesprochen hatte.

Wer sich taufen läßt wie Jesus, zu dem spricht Gott: du bist mein geliebtes Kind. An dir habe ich Wohlgefallen. Laßt uns darum singen: Der Himmel geht über allen auf.

Kanon *Der Himmel geht über allen auf (EG Rheinland 611, LJ 364)*

Baustein 1 *Märchen vom Wasser des ewigen Lebens*

Liturgin: Wir werden mit Wasser getauft. Wasser ist lebenswichtig. Wir können mehrere Wochen ohne Nahrung leben, aber nur zehn Tage ohne Wasser. Es hat eine tiefe Bedeutung, daß wir mit Wasser getauft werden.
Wir lassen uns ein Märchen erzählen, das uns deutlich macht, wie wichtig und wie schwierig es ist, an das Wasser des Lebens zu gelangen.

KonfirmandIn: Von einem alten Vater wird erzählt, der todkrank war. Um ihn zu retten, so hieß es, müsse das Wasser des Lebens gefunden werden. Aber das Wasser des Lebens sei nur schwer und gefahrvoll zu finden.
Da sprach der älteste Sohn: »Ich will es schon finden«. Er hatte aber nicht den Vater, sondern nur seinen eigenen Vorteil im Sinn. Er machte sich auf, und als er eine Zeitlang geritten war, stand da auf einmal ein Zwerg auf dem Weg. Der rief ihm zu: »Wohin so geschwind?« »Du dummer Knirps«, sagte der Sohn von seinem Pferd herab, »das brauchst du nicht zu wissen!«, und ritt weiter. Aber wie er nun fortritt, taten sich auf einmal die Berge zusammen, und plötzlich war der Weg so eng, daß er keinen Schritt weiterkann. Er konnte das Pferd nicht wenden und auch nicht absteigen und mußte da eingesperrt bleiben.
Da er nun nicht heimkehrt sprach der zweite Sohn: »Dann will ich jetzt ausziehen und das Wasser des Lebens suchen!« Aber auch er dachte nur an sich selbst und freute sich sogar, daß der älteste Sohn nicht zurückgekommen war, denn er wollte alles von seinem Vater erben. Also zog er den gleichen Weg fort und auch er begegnete demselben Zwerg. Der hielt ihn an und fragte: »Wohin so geschwind?« »Du dummer Knirps«, sagte nun auch der zweite Sohn, »das brauchst du nicht zu wissen!«, und ritt in seiner Überheblichkeit weiter, bis auch er in der Schlucht steckenblieb und nicht vor noch zurück konnte.
Wie nun der zweite Sohn nicht zurückkam, sagte das Jüngste: »So will ich hinziehen und das Wasser des Lebens holen.« Und auf seinem Wege traf er

den Zwerg. Der hielt ihn an und fragte: »Wohin so geschwind?« Da rümpfte
er nicht die Nase, sondern antwortete ihm: »Ich suche das Wasser des
Lebens, weil mein Vater krank ist.« »Weißt du denn, wo das zu finden ist?«
»Nein«, sagte der Junge. »So will ich dir's sagen, weil du freundlich zu mir
gewesen bist: Es quillt ein Brunnen in einem verwunschenen Schloß, von
Hindernissen umlagert, und damit du dazu gelangst, gebe ich dir da eine
eiserne Rute und zwei Laibe Brot. Mit der Rute schlage dreimal an das Tor,
so wird es aufspringen. Dahinter werden zwei Löwen liegen und ihren Rachen aufsperren: Wirf die Brote hinein, so wirst du ihren Hunger stillen. Und
dann beeile dich, hole vom Wasser des Lebens, ehe es zwölf schlägt, sonst
geht das Tor zu und du bleibst eingesperrt.«
Da dankte ihm der Junge, ging hin und fand alles, wie der Zwerg gesagt
hatte. Er überwand das Tor und die Löwen und schritt durch die Gänge und
Räume des Schlosses, immer wieder versucht, zu verweilen und sein Ziel zu
vergessen: Da war ein großer Saal voller Kostbarkeiten, aber er ging weiter. Da war eine Prinzessin, die freute sich, als sie ihn sah, küßte ihn und
sagte, er möge wiederkommen und sie heiraten. Da war ein Zimmer mit
einem frisch gemachten Bett, und weil er müde war, legte er sich hinein und
schlief ein. Wie er aber erwachte, war es schon kurz vor zwölf. Da sprang
er auf, lief zu dem Brunnen, schöpfte einen Becher voll Wasser und beeilte
sich, daß er fortkam. Und wie er eben zum eisernen Tor hinausging, da
schlug es zwölf und das Tor fiel zu, so heftig, daß es ihm noch ein Stück von
der Ferse wegnahm.

Liturgin: Jesus spricht: Das Wasser, das ich euch gebe, wird in euch wie
eine Quelle sein, ein ewiges Wasser des Lebens. (Joh 4,14)
Wir werden uns jetzt aufmachen wie die drei Söhne, um zum Wasser des
Lebens zu ziehen. Wir bilden eine lange Schlange, hintereinander, und so
gehen wir zum Taufbecken. Wir tauchen die eine Hand ins Wasser und
streichen uns damit über die Stirne oder die Schläfen, um uns zu erfrischen.

Baustein 2 *Schirm und Schutz*

Wir brauchen das Wasser zum Leben –
aber es kann auch gefährlich sein.

Es macht Spaß, im Wasser zu spielen –
aber Vorsicht: im Wasser kann man auch ertrinken.
Im salzigen Wasser des Meeres ist der Ursprung des Lebens –
aber Vorsicht: Salzwasser auf dem Acker macht das Land unfruchtbar.
Nur wo Wasser ist, können sich Menschen ansiedeln –
aber Vorsicht: Hochwasser ist sehr bedrohlich.

Wenn du durch Wasser gehst, spricht Gott,
so will ich bei dir sein,
daß dich die Ströme nicht ersäufen sollen. (Jes 43,2)

In der Bibel gibt es viele Geschichten,
die davon erzählen,
wie gefährlich Wasser sein kann:
Wir denken an Noah und seine Familie,
die sich zusammen mit den Tieren
in der Arche vor der großen Flut retten mußten.
Wir denken an Mose und das Volk Israel,
wie sie am Roten Meer standen –
und wenn sich das Wasser nicht geteilt hätte,
so wäre ihre Flucht aus Ägypten umsonst gewesen.
Wir denken an Jona,
den die Seeleute in das tiefe Meer stürzten;
und wäre nicht der Wal gekommen,
so wäre Jona ganz gewiß ertrunken.
Wir denken an Jesus und seine Jüngerinnen und Jünger,
die mit ihrem Boot in einen großen Sturm gerieten,
so daß die Wellen ins Schiff schlugen
und die Jünger große Angst bekamen.
Da hat Jesus den Sturm zum Schweigen gebracht.
Wir brauchen das Wasser zum Leben
aber es kann auch gefährlich sein.

Wer getauft wird, wird dreimal mit Wasser übergossen oder dreimal im
Wasser untergetaucht. Das Eintauchen bedeutet: Da geht etwas zu Ende.
Das Auftauchen bedeutet: Da fängt etwas Neues an. Das Eintauchen be-
deutet den Tod, das Auftauchen bedeutet neues Leben. Wir sind alle aus der
Taufe gehoben, wie man so sagt, damit wir frisch und lebendig sein können.

Dialog *zur Salbung*

I   Ich habe mal bei einer Taufe in Griechenland gesehen,
       wie das Kind nach der Taufe mit ein wenig Salbe gesalbt wurde.
II   Du meinst, das wurde mit Salbe eingerieben?
       Was hat das zu bedeuten?
I   Mir ist eingefallen, daß wir uns nach dem Baden eincremen.
II   Ja, mit Nivea – das ist angenehm ... und gut für die Haut.
I   Stimmt. Die Haut wird sonst ganz trocken
       und fängt zu jucken an. Vielleicht.
II   Im Sommer muß ich mich auch immer eincremen. Wegen Sonnen-
       brand.
I   Mir fällt noch etwas ein.
       Neulich habe ich mir mal den Fuß verstaucht.
       Da hat meine Mutter mir auch Salbe draufgetan.
II   Das hat hoffentlich geholfen gegen die Schmerzen.
I   Ja, nach einer Weile war es besser.
       Das war eine richtige Wundersalbe.

	Es wurde erst ganz kalt und dann ganz warm am Fuß.
II	Aber sag mal, dieses Kind in Griechenland,
	das hatte doch nicht den Fuß verstaucht.
I	Nein, natürlich nicht.
	Aber vielleicht sollte das bedeuten …
	da fällt mir noch etwas ein, das habe ich mal gehört.
II	Was denn, sag schon.
I	Früher war das Salböl sehr, sehr kostbar.
	Nur reiche Leute konnten es sich leisten.
II	Da gab es wohl noch keine Krankenkassen?
I	Die hätten das auch nicht bezahlt …
	Das Salböl war so teuer,
	daß man meistens nur Könige gesalbt hat,
	oder Propheten, oder Priester –
	und das auch nicht jeden Tag,
	sondern meistens nur einmal im Leben.
II	Christus, das heißt übersetzt: der Gesalbte.
	Gott hat Jesus zum König für diese Welt gesalbt.
	Und wir gehören zu ihm.
I	Sich mit Creme oder Salbe zu behandeln,
	ist also etwas ganz Normales.
II	Ja, und wenn Christen nach der Taufe gesalbt werden,
	dann ist das ein Zeichen!
	Es bedeutet:
	Gott ist zärtlich zu dir.
	Gott will dich schützen.
	Gott will dich heilen.
	Gott will dir helfen.
I	Ja, so wird es sein. Weil du sein Kind bist.
II	Und Gott ist zu uns wie ein Vater und eine Mutter.
I	Die Taufe macht deutlich:
	Du bist für Gott ganz ganz wichtig.
	So wichtig wie ein König.

Wir werden jetzt zum Taufbecken gehen. Einer hinter der oder dem anderen. Das Wasser im Taufbecken ist nicht gefährlich. Es kann uns erinnern an tiefes, kaltes, reißendes Wasser. Aber noch mehr soll es uns daran erinnern, daß Gott uns neues Lebens schenkt. Wir bilden eine lange Schlange, hintereinander, und so gehen wir zum Taufbecken, wir tauchen eine Hand ins Wasser und streichen uns damit über die Stirne oder die Schläfen.

Baustein 3 *Die kleine Raupe Nimmersatt*

Das Kinderbuch »Die kleine Raupe Nimmersatt« von Eric Carle wurde abfotografiert; die Vertonung von Ludger Edelkötter unter dem gleichen Titel ist erhältlich als MC beim Impulse Musik-Verlag, Drensteinfurt 1992.

Der Küster bringt einen Brief nach vorne.

Nanu, ein Brief für uns – von wem ist der denn? Kleine Raupe Nimmersatt – na das ist ja eine Überraschung, die kennt ihr doch, oder? Wer kennt sie noch nicht? Ja, das sind nur ganz wenige, aber die sollten schon wissen, wer die Raupe Nimmersatt ist, bevor ich den Brief vorlese.
Am besten kann man sich die Geschichte noch mal ansehen, wenn man jetzt auf die Leinwand schaut. Sucht euch gute Plätze, daß ihr die Bilder schön sehen könnt. Die Geschichte wird uns diesmal nicht erzählt, sondern vorgesungen – und wer von euch Lust hat, der kann mitsingen.
Dia-Geschichte
So, und jetzt, wo alle die Raupe Nimmersatt kennengelernt haben, kann ich ja auch den Brief vorlesen.
»Liebe Kinder, liebe Erwachsene,
als ich neulich bei schönem Sonnenschein durch Endenich flog, da sah ich an verschiedenen Stellen gelbe Plakate, auf denen stand zu lesen: Du bist getauft – ein Weg hat begonnen. Und dann war ich da noch drauf – ich, die Raupe Nimmersatt.
Also, ich bin ja jetzt keine Raupe mehr, sondern ein Schmetterling. Und denk ich an die Zeit zurück – lang, lang ist's her, als ich noch eine Raupe war – Kinder, es ist kaum zu glauben. Ich habe einmal ganz anders ausgesehen.
Mein Leben als Raupe – das war auch schön. Ich war ja ein Sonntagskind! Wißt ihr, was das ist? Ihr seid doch getauft, oder? Ja, dann seid ihr doch auch Sonntagskinder ... Gottes gute Sonne hat mich immer begleitet. Und auch euch scheint Gottes Licht auf eurem Weg. Viele von euch haben doch Taufkerzen mitgebracht – damit ihr das nicht vergeßt: auch ihr seid Kinder des Lichts, echte Sonnentagskinder.
Auf meinem ganzen langen Lebensweg war Gottes Sonne bei mir! Und ich, wie war ich immer hungrig und neugierig! Ich wollte eben das Leben kennenlernen! Ja, das war schon toll, was ich da alles erlebt habe, Tag für Tag, wie gut das Leben schmeckt: Knackig wie ein Apfel, saftig wie Birnen, süß wie Erdbeeren – und was war es noch? Ach ja, Pflaumen, ja, die waren auch sehr lecker und die Apfelsinen, hm, da war richtig Sonne drin.
Immerzu hatte ich Hunger, wollte mehr erleben – das kennt ihr doch auch, ihr Kinder und Erwachsene, nicht wahr?
Ich habe dann noch viel ausprobiert, Kuchen und Früchtebrot, Eis und Lutscher, Käse und Wurst – am Ende war es vielleicht doch zuviel durcheinander, da tat mir dann der Bauch weh – auch das kennt ihr bestimmt, wenn man den Hals nicht vollkriegen kann und nur Süßes ißt oder nur die Wurst, statt auch das Brot.
Ich bin dann bescheiden geworden. Man kann ja auch mit wenig auskommen. Ich hatte mein Leben genossen. Es genügte mir ein Blatt. Davon bin ich auch satt geworden.

Aber was dann kam, das war schon seltsam. Ich dachte, jetzt ist dein Leben also vorbei. Jetzt hast du alles erlebt, was es gibt: Freude und Schmerz, Hunger und Sattsein, Tage und Nächte, und viel, viel Sonnenschein – jetzt ist das Leben eben aus. Es würde alles wieder so dunkel um mich herum werden wie vor meiner Geburt.

Doch es kam etwas ganz anderes. Ihr wißt es ja. Ich habe mich verwandelt. In einen Schmetterling. Jetzt bin ich dem Himmel und der Sonne noch ein Stück näher gekommen.

Ja, und das wollte ich euch kleinen und großen Leuten sagen: Auch ihr werdet einmal verwandelt werden. Wenn ihr glaubt, daß euer Leben zu Ende ist, dann, ja dann werdet ihr ein Wunder erleben. Am Ende eures Weges geschieht auch eine Verwandlung. Ein ganz neues Leben wird dann anfangen.

Woher ich das weiß, wollt ihr wissen? Schließlich seid ihr alle keine Raupen, sondern Menschenkinder? Ja, das stimmt, aber ihr seid doch getauft worden. Darum weiß ich das. Ihr seid doch Gottes Kinder! Und habt ihr nicht weiße Taufkleider angehabt bei eurer Taufe? Das ist doch ein schönes Zeichen, eine schöne Verwandlung: etwas ganz neues wird anfangen – ein Leben im Licht Gottes. Der Weg hat begonnen – und wo er zu Ende ist, da ist ein neuer Anfang.

Ich werde jetzt weiterfliegen, dem Himmel entgegen! Euch alles Gute auf eurem Weg – und: Laßt euch überraschen!

Eure Raupe Nimmersatt«

Ja, auch dir alles Gute, liebe Raupe Nimmersatt, lieber Schmetterling, und Danke für deinen Brief!

Da hat sie uns ja recht nett geschrieben zu unserem Gottesdienst. Wir sind Sonntagskinder – Gottes Licht begleitet uns – wir dürfen neugierig auf das Leben sein – und wo der Weg zu Ende ist, da wartet ein Wunder auch auf uns.

Ihr wißt doch: Wenn Menschen traurig sind, weil jemand aus der Familie gestorben ist, dann ziehen sie sich schwarze Kleider an, und jeder kann sehen, daß sie um einen Menschen trauern. Wir haben heute weiße Gewänder an. So wie früher die Menschen nach ihrer Taufe ihr weißes Taufkleid anbehielten. Sie wollten allen zeigen, daß sie sich freuen – wie der Schmetterling, der dem Himmel entgegenfliegt. Auch wir tragen heute die weißen Gewänder. Auch wir sind getauft und dürfen so leben, als sei es der erste Tag in unserem Leben. Mit unseren weißen Gewändern wollen wir jetzt zum Taufbecken gehen. Hier bei der Taufe hat das neue Leben angefangen.

Dann wollen wir uns jetzt mal aufmachen zum Taufbecken. Wir gehen in einer langen Schlange, wie eine Raupe auf vielen Füßen, bis zum Taufbecken. Da tauchen wir unsere Hand einmal in das Wasser der Taufe. Und dann kommen wir hierher zum Altar. Da verteilen wir uns ganz kunterbunt. Jeder sucht sich einen Platz.

Prozession zum Taufbecken

Während der Prozession wird gesungen:

Kanon   *Der Himmel geht über allen auf (EG Rheinland 611, LJ 364)*

Gebet vor dem Altar

Nach der Prozession sammeln sich alle am Altar.

Gott,
das Wasser der Taufe ist so wie du selbst:
Köstlich und lebendig.
Wir danken dir für deinen Sohn, Jesus Christus,
der für uns wie frisches Wasser ist:
In ihm leben wir auf.
In ihm entfalten wir unsere Kraft.
Durch ihn sind wir gerettet.
Wir bitten um deinen Geist,
daß er in unser Leben kommt und
uns erneuert und lebendig macht. Amen.

Gebet

Gott, wir danken dir, daß du uns neu machst. Du schenkst uns Freude, du
läßt unser Gesicht strahlen, du machst unsere Augen hell. Wir danken dir,
daß du nicht nachtragend bist, sondern großzügig und gnädig. Das Alte
ist vergangen – es ist alles neu geworden. Amen

Einleitung zur Salbung

Hautöl auf drei flachen Tellern.

Christen heißen wir, wenn wir getauft werden. Christen – das kommt von
Christus, und Christus, das heißt übersetzt: der Gesalbte. Gott hat Jesus zum
König für diese Welt gesalbt. Und wir gehören zu ihm. Wir salben uns nun
gegenseitige mit den Worten: »Gott behüte dich. Amen.«

Dazu erklingt leise die Melodie: Du bist da, wo Menschen leben (MKL 42).

Einleitung zur Taufkerze

An der Oster-Kerze werden die eigenen Taufkerzen bzw. bereitliegende
Kerzen angezündet.

Prozession und Lied   *Du bist da, wo Menschen leben (MKL 42)*

Es folgt die Prozession durch die Kirche, dazu wird gesungen.

Gebet

Gott, wir danken dir,
daß du unser Leben hell machst.
Wir danken dir,
daß du unserem Leben Wärme gibst.
Wir danken dir,
daß wir Eltern und Paten haben,
und daß sie uns lieb haben und sich um uns sorgen.
Wir danken dir,
daß wir auch deine Kinder sind und
untereinander wie Geschwister,
damit wir uns gegenseitig helfen.
Wir bitten dich:
sei du unser Brunnen,
aus dem wir immer neues Leben empfangen und weitergeben können.
Gieße deinen Geist aus in die Herzen der Menschen,
daß sie mit Glauben, Hoffnung und Liebe erfüllt werden
und dein Licht in die Dunkelheit der Welt bringen.
Wir denken heute auch an die Kommunionkinder
unserer Nachbargemeinde St. Maria Magdalena.
Gemeinsam beten wir, wie es uns Jesus gelehrt hat.

Vater unser

Lied   *Christ ist erstanden (EG 99)*

Segen

Anregungen aus dem Buch: Willi Hoffsümmer, Geschichten zur Taufe, Topos-Taschen-
bücher Bd. 210, Mainz, 2. Aufl. 1993.

Und lehret sie halten alles

Tauferinnerung mit KonfirmandInnen
Monika Renninger

Vorüberlegungen

Dieser Tauferinnerungs- und KonfirmandInnenvorstellungs-Gottesdienst wurde gleich in den ersten Stunden des Konfirmationsunterrichts mit den neuen KonfirmandInnen zusammen vorbereitet. Außer der Erarbeitung des Taufbefehls, der für den Gottesdienst auswendig gelernt wird, steht die Gestaltung einer gemeinsamen Tauferinnerungskerze im Mittelpunkt: Eine Kerze wird mit selbstgewählten biblischen Symbolen geschmückt, die aus Wachsplatten ausgeschnitten und auf die Kerze gedrückt werden. Diese Kerze begleitet die Gruppe während ihres Konfirmandenjahres: Sie brennt bei der Eingangsliturgie im Konfirmandenunterricht und bleibt oft während der ganzen Stunde an – so wird gewissermaßen im Licht der Schrift gelernt. Für die KonfirmandInnen nimmt mit diesem Gottesdienst ihr Konfirmationsjahr seinen Anfang bei der Erinnerung an ihre Taufe. Dazu laden wir per Brief besonders auch noch die Tauffamilien der letzten vier Jahre ein. Schön, wenn ein Kind in diesem Gottesdienst getauft wird. Falls es nicht getaufte KonfirmandInnen in der Gruppe gibt, kann dieser Sonntag ihr Taufsonntag sein.

Ablauf des Gottesdienstes

Orgelvorspiel

Votum und Begrüßung

Lied *Freuet euch der schönen Erde (EG 510)*

Psalmgebet *Du hast mich gemacht, Gott, wie ich bin (Sagt Gott S. 103)*

von KonfirmandInnen vorgetragen
Bei Familiengottesdiensten verwenden wir in der Regel diese Kehrvers-Psalmen, damit auch Kinder, die noch nicht lesen, sich beteiligen können. Auch Familiengottesdienste brauchen eine Struktur, die mit zunehmendem Vertrautwerden eingeübt wird. Nur so ist echte liturgische Beteiligung möglich. Deshalb ist es durchaus sinnvoll, immer wieder dieselben Kehrvers-Psalmen bei diesen Gottesdiensten zu beten.

Stille – Ehr sei dem Vater

Leitgedanken aus der Ansprache zur Taufe

Gott kennt uns mit Namen. Die KonfirmandInnen werden mit Namen vorgestellt. Was bedeutet ein Name? Ich bin ich. Andere können mich ansprechen. Ich weiß, wohin ich gehöre. In der Taufe erfahren wir: Ich habe einen Namen bei Gott. Ich gehöre zu Gott. Deshalb kann ich aus ganzem Herzen so wie in dem Psalmgebet sagen: Ich will nicht mehr sein, als ich bin. Ich will eine, will einer sein, auf den Verlaß ist. Ich kann viel aus meinem Leben machen. Ich will Gott bitten: Mach du mein Leben gut.

Lied   *Liebster Jesu, wir sind hier (EG 206)*

Schriftlesungen   *Taufbefehl (Mt 28,18-20) und Kinderevangelium (Mk 10,13-16)*

von KonfirmandInnen vorgetragen

Glaubensbekenntnis

Deutung der Taufsymbole

Die KonfirmandInnen tragen in einer kleinen »Prozession« die Bibel, die Taufkanne und ihre Tauferinnerungskerze zum Taufstein. Dann erläutern sie am Taufstein, was die Symbole bedeuten.

Bibel

auf den Taufstein legen:

Wir haben eine Bibel in der Hand. Gott kennt uns mit Namen, davon erzählt uns die Bibel. Wenn wir ein Kind taufen, dann sagen wir damit: Wir glauben, daß dieses Kind zu Gott gehört, von Anfang an. Es ist den Eltern anvertraut als ein Geschenk. Sie sollen es behüten und aufwachsen lassen und dabei wissen: Unsere Liebe zu unserem Kind ist umschlossen von Gottes Liebe. Aus dieser Kraft schöpfen wir, von dieser Liebe nehmen wir für unser Kind. Und für das Kind soll die Taufe sagen: Gott sagt ja zu deinem Leben, mit dieser Zusage darfst du dein Leben beginnen.

Wasser

in eine Taufschale eingießen:

Wir bringen das Wasser, mit dem das Kind getauft wird. Denn von Gott sagen wir: Gott ist die Quelle des Lebens. Wasser brauchen wir zum Leben. Es stärkt uns, läßt uns wachsen und gedeihen. Wasser ist klar und rein, es läßt einen neu werden, so, als ob wir zur Quelle zurückkehren, die uns Leben gibt. Wasser kann auch gefährlich sein im Sturmwind und im Meer. Dann sollen wir wissen: Gott will uns hindurchtragen durch die Wasser der Gefahr. An all das denken wir bei dem Wasser der Taufe.

Licht

KonfirmandInnen-Tauferinnerungskerze an der Osterkerze anzünden:

Wir bringen unsere Tauferinnerungskerze. Sie wird an der Osterkerze ent-
zündet, die uns daran erinnert, daß Christus für uns das Licht der Welt ist.
Die Tauferinnerungskerze sagt: Wie ein freundlicher Lichtschein umgibt uns
Gottes Liebe. Wir brauchen keine Angst vor Dunkelheiten zu haben. Gottes
Liebe in Jesus Christus leuchtet uns, damit wir den rechten Weg finden. Wir
wünschen dem Kind, das getauft wird, daß es selbst zum Lichtschein wird
für andere, zum Zeichen für Gottes Liebe und Nähe.

*Alle Kinder werden zum Taufstein eingeladen, um an der Osterkerze ihre Tauferinne-
rungskerzen anzuzünden. Wer keine eigene mitgebracht hat, hat eine Kerze am
Eingang erhalten. Die Kinder bleiben zusammen mit den KonfirmandInnen mit ihren
Kerzen um den Taufstein herum stehen.*

Tauffragen und Taufe

Lied   *Gott gab uns Atem, damit wir leben (EG 432)*

Ansprache zur Bibelübergabe an die KonfirmandInnen

Ihr Konfirmandinnen und Konfirmanden seid mittendrin in den Fragen, die
euch eure Eltern und Patinnen und Paten mitgeben wollten durch die Taufe.
Und am Ende eures Konfirmandenjahres wird euch bei eurer Konfirmation
tatsächlich noch einmal die Frage nach eurer Taufe gestellt, auf die ihr dann
antworten sollt. Ihr werdet gefragt werden, ob ihr zu eurer Taufe ja sagen
wollt, ob ihr für euch Antworten gefunden habt, was das für euer Leben und
euren Glauben bedeutet und wie das für euch gilt.
Ihr macht euch auf den Weg, mit euren Fragen und Gedanken. Dieser Weg
führt euch zu eurer Taufe zurück. Wir als erwachsene Christengemeinde
trauen euch zu und wünschen euch, daß ihr dabei Entdeckungen macht und
Antworten findet, die euch ja sagen lassen zu eurer Taufe.
In dem Taufbefehl Christi, den wir vorhin miteinander gesprochen haben,
heißt es: »Taufet sie … und lehret sie halten alles, was ich euch befohlen
habe« (Mt 28,20). Darauf wird es also ankommen: Daß wir dem Rätsel auf
die Spur kommen, wie Glauben und Leben zusammengehen. Daß wir Entdeckungen machen, wie ein Lebensweg aussehen kann, der das ausdrückt:
Ich gehöre zu Gott, und so will ich auch leben. Daß wir lernen, wie wir als
eine Gemeinschaft, als eine Gemeinde zusammenleben können, die den
Einzelnen und die Einzelne achtet und zugleich doch zu einem gemeinsamen Bekenntnis in Glauben und Leben findet.
Unsere Wegbegleiterin ist dabei die Bibel – und dazu kommt dann, was
andere darüber gesagt und daraus verstanden, nachgesprochen und nach-
gelebt haben. Die Bibel, die ist das Wichtigste für diesen Weg. Daneben
braucht ihr noch euer Herz und euren Verstand, um dem nachzuspüren und

euch von dem anrühren zu lassen, was da von Gott erzählt wird – und um euch damit auseinanderzusetzen und zu verstehen, was das für uns heute bedeutet. Diese Bibel, eure Wegbegleiterin für den Konfirmandenunterricht, bekommt ihr heute in diesem Gottesdienst.

Grußwort des Kirchengemeinderates und Bibelübergabe

Die KonfirmandInnen werden von einer Vertreterin des Kirchengemeinderates gegrüßt und erhalten dann aus den Händen von Kirchengemeinderätin und JugendclubmitarbeiterInnen ihre Bibel.

Lied *Ich lobe meinen Gott, der aus der Tiefe mich holt*
(EG Württemberg, 611, LJ 560)

Fürbittengebet und Vaterunser

(Kirchengemeinderätin, JugendmitarbeiterInnen)

Lied *Der Herr segne dich (EG Württemberg 563, LJ 362)*

Abkündigungen

Lied vor dem Segen *Christ ist erstanden (EG 99)*

Segen

Orgelnachspiel

Wenn einer sagt, ich mag dich, du

Tauferinnerung aus der offenen Behindertenarbeit
Philipp Neßling

Überlegungen zum Gottesdienst mit Behinderten

Die dargestellten Gottesdienste stehen in einem weiten Rahmen der auf Familien und Freizeitleben bezogenen offenen Behindertenarbeit in Essen. Mit solchen elementar gestalteten Gottesdiensten machen wir nunmehr über mehrere Jahre hin Erfahrungen. Sie werden gefeiert als Familiengottesdienste in der Ortsgemeinde; einbezogen sind Kinder und Erwachsene jeden Alters und Menschen mit geistigen und körperlichen Behinderungen. Kennzeichnend sind ein hohes Maß an äußerer und innerer Beteiligung und eine heitere Atmosphäre. Eine gewisse Leichtigkeit hat sich entwickelt, gepaart mitunter mit großer Intensität im Erleben.
Die Gottesdienste leben von den Handlungen. Die Worte führen zu den Handlungen hin, begleiten sie, verbinden sie. So konzentrieren wir den theologischen Inhalt auf eine Erfahrung, die den ganzen Leib einbezieht (körperlich-sinnenhaft, seelisch und geistig).
Bei allen Gottesdiensten geht es um das Teilhaben an den heilsamen Erfahrungen, zu denen das Evangelium ermutigt, um Anstiftung zum Leben aus dem Glauben, Ermutigung zum Leben in der Liebe. Weil es im Glauben um die Befähigung geht zu einem Leben aus Vertrauen heraus, darum ist das Erleben und Tun im Hier und Jetzt entscheidend.
Das Leben ist nicht aufschiebbar. Die behinderten Menschen und die Kinder lehren uns, uns nicht abzufinden mit dem Dualismus Rede und Anwendung, Lehre und Lebenspraxis. Für sie fließt alles zusammen im Hier und Jetzt des Erlebens. Es wird nichts aufgeschoben! Das Erleben heute ist das Leben (und relevant für morgen).
Dabei hüten wir uns vor Verniedlichung und Kindertümelei. Auch spielen wir nicht vor oder nach, was in den Geschichten erzählt ist. Es geht darum, das Wesentliche und Grundlegende zum Ausdruck und ins Erleben zu bringen. Das intellektuelle Verstehen und die ästhetische Form begleiten und tragen, aber konstituieren und prägen nicht den Gottesdienst. So wird Beteiligung für alle möglich. Der Gottesdienst wird zur Feier des Lebens.
Wir nehmen wahr, daß es zumeist den Menschen mit Behinderung leichter fällt

als den anderen, sich auf körperlichen Ausdruck und soziale Nähe einzulassen. Aber viele können sich mit den Kindern und den behinderten Menschen zusammen neu und mittelbar an Handlungen und Ritualen beteiligen. Es wächst eine neue, heitere Gottesdienstkultur. Durch die vielen dadurch erfreuten Menschen und unsere eigene Wahrnehmung einer lebensvollen liturgischen Gemeinschaft fühlen wir uns bestärkt und ermutigt, den Weg weiterzugehen.

Der liturgische Rahmen ist in der Regel durch das Kerzenritual am Anfang und das Gebetslied, den Segenszuspruch und das Segenslied am Ausgang bestimmt. Die dabei gesprochenen Worte können durch das Gottesdienstthema geprägt sein, sollen aber durch Regelhaftigkeit Vertrautheit aufbauen.

Als Lieder wählen wir kurze Texte und gerne solche, die vom Thema her leicht verändert werden können. Das Singen soll im Kontakt der Personen geschehen, und die nicht lesen können, sollen nicht benachteiligt sein. Wir sprechen vor dem Singen den Text jeweils vor und wiederholen das Lied an seiner Stelle mitunter mehrfach, bis der Gesang trägt, um im Lied zu leben. Wo es sich nahelegt, vollziehen wir das Lied körperlich: durch Gesten, als Reigen, als Prozession, als Tanz.

Ablauf des Gottesdienstes

Wir feiern das Gedächtnis der Taufe

Einstimmung   *Orgelspiel o.ä.*

Kerzenritual zur Eröffnung

Wir feiern Gottesdienst.
Das ist das Fest des Lebens.
Wir sind in unserem Leben in der Nähe Gottes.
Gott ist uns Vater und Mutter.
Gott hat uns unser Leben geschenkt
und will es auch bewahren.
Die erste Kerze ist für das Leben.
Wer zündet sie an?

Liedstrophe   *Du bist da, wo Menschen leben (MKL 42,1; MK 72,1)*

zweimal

Jesus ist in unsere Welt gekommen,
um unser Leben heil zu machen.
Jesus ist die Liebe Gottes unter den Menschen,
und wir tragen seine Liebe weiter in die Welt.
Die zweite Kerze ist für die Liebe.
Wer zündet sie an?

Liedstrophe *Du bist da, wo Menschen lieben (MKL 42,3; MK 72,2)*

zweimal

Gott gibt uns den Heiligen Geist.
Mit Heiligem Geist ist Gott bei uns
und gibt uns Hoffnung in unser Herz,
damit wir nicht verzweifeln an den Belastungen des Lebens,
und die Freude am Leben behalten.
Die dritte Kerze ist für die Hoffnung.
Wer zündet sie an?

Liedstrophe *Du bist da, wo Menschen hoffen (MKL 42,2; MK 72,3)*

zweimal

Wir feiern heute einen Lobgottesdienst.
Wir singen: Halleluja, also: Laßt uns Gott loben! (einmal)

Lied *Halleluja (MKL 42,4; MK 72,4 auch als Kanon)*

Besinnung *Bunt wie die Blumen*

*Bereitgehalten sind soviele Schnittblumen unterschiedlichster Art, daß jede/r Teilneh-
merln eine Blume erhalten kann. Eine große, weite Vase steht bereit, um die Blumen
alle zu einem großen Strauß in der Mitte zusammenstellen zu können. Die Anwesenden sitzen entweder im großen Kreis um eine freie Fläche in der Mitte oder in Halb-
kreisen zur freien Fläche nach vorne orientiert. Jede/r erhält eine Blume.*

Wahrnehmen der Blumen, ansehen, riechen, befühlen, Farbe, Zartheit, Stärke, Lebenskraft, Freude an Schönheit, Vielfalt. Blumen als Geschenk zur
Freude und als Lebenswunsch.

Lied *Du hast uns deine Welt geschenkt. Du schenkst uns die Blumen
(LJ 502 Text variiert)*

Besinnung *Wir sind wie die Blumen*

Gott sagt zu uns Menschen: Ihr freut euch an den Blumen. Ihr seid wie die
Blumen: zart, stachelig, bunt, duftend, lebendig ... vielfältig. Freude habe
ich an euch. Ich hab euch lieb. Ich hab Freude an eurer Lebendigkeit, an
eurer Vielfalt. Ihr seid viel mehr als die Blumen.

Lied *Du hast uns deine Welt geschenkt, du schenkst uns das Leben
(LJ 502, Text variiert)*

So wie wir sind, so dürfen wir sein. Jeder auf seine Weise. Jede in ihrer Art.
Und so kommen wir zueinander. So sind wir gemeinsam vor Gott. Bunt und
vielfältig wie die Blumen. Wir bringen jetzt die Blumen hier zusammen in
die Vase. Wir machen uns alle auf den Weg. Dabei begegnen wir uns. Alle

bringen ihre Blumen zu einem großen Strauß zusammen. Währenddessen singen wir:

Lied *So wie ich bin, komme ich zu dir (Lob sei dir 3, S. 36)*

Besinnung *Wie ein Blumenstrauß*

Wir sehen den bunten Strauß in der Mitte an, und wir sehen uns im bunten ›Blumenstrauß‹ der versammelten Menschen. Alle zusammen sind wir eine vielfältige Gemeinschaft, jede/r einzelne – so wie er / sie ist! – von Gott geschaffen, lebendiger Mensch. Jede/r einzelne Besonderheit – und doch verbunden: Kinder Gottes.

Lied *Du hast uns deine Welt geschenkt: die Menschen, die Menschen (LJ 502 Text variiert)*

Handlung *Wasser spendet Leben*

Wir gießen jetzt die Blumen.

Für alle gut sichtbar wird Wasser in die Vase gegossen.

Wasser macht lebendig, Wasser spendet Leben. Die Blumen trinken es und bleiben frisch. Wir Menschen trinken Wasser. Wasser macht uns lebendig, Wasser erfrischt uns.

Es können jetzt Gläser mit Wasser gereicht werden.

Lied *Aus tiefen Brunnen schöpfen*

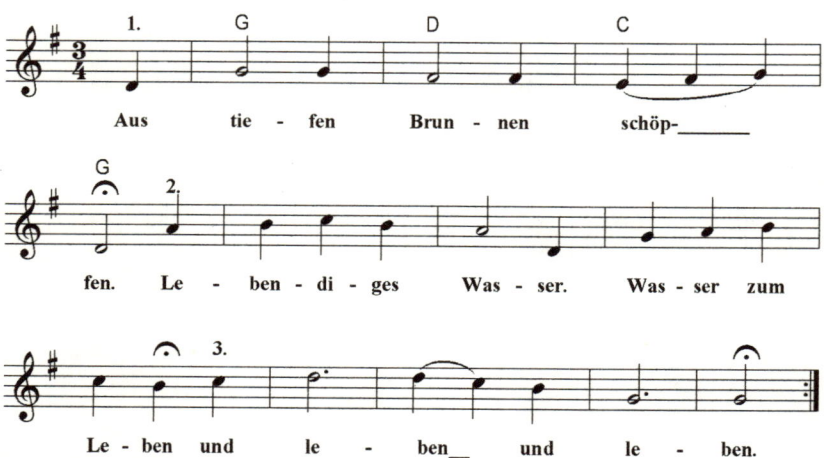

Text: Eugen Eckert, Musik: Torsten Hampel
Rechte bei den Autoren

Taufgeschichte

Jetzt im Gottesdienst ist das Wasser ganz wichtig. Wasser erinnert uns an das Leben, das Gott uns gibt. Gott ist uns Vater und Mutter. Jesus sagt: »Ich bin das Wasser, das Leben von Gott bringt« (nach Joh 4,14).

In der Mitte steht eine Schüssel mit Wasser. Während der nachfolgenden Sätze bewegt der / die Erzähler/in mit den Händen das Wasser, schöpft es und läßt es fließen.

Von Gott her sind wir alle Brüder und Schwestern, weil Gott uns Vater und Mutter ist. Das beginnt mit der Taufe. Die erste Taufgeschichte in der Bibel erzählt, wie Jesus getauft wurde.
Da war ein Mensch, der hieß Johannes. Der hat den Leuten zugerufen: »Gott kommt euch nahe. Neues Leben beginnt. Laßt euch taufen.« Das wollten viele. Das war am Jordan. Das ist ein Fluß. Der fließt durch die Wüste und spendet Leben mit seinem Wasser. »Kommt«, sagt Johannes, »steigt in das Wasser, taucht unter. Das lebendige Wasser umspült euch. So nah ist euch Gott. So lebendig macht er euch.«
Da kam auch Jesus. Er ließ sich taufen. Er spürte das Leben von Gott, und er hörte eine Stimme. In sich drin hörte er die Stimme.
Du kennst das. Du hast auch schon manchmal eine Stimme gehört, die in dir spricht. Ein anderer hört das nicht. Nur Du!
Jesus hört die Stimme sagen: »Du bist mein lieber Sohn, an dir hab ich Freude.« Das hat Jesus gehört. Und da wußte er, das sagt Gott zu mir. Und das muß ich weitersagen. Und dann ist er durch das ganze Land gezogen und hat allen Leuten das weitergesagt: »Gott sagt zu dir: Du bist meine liebe Tochter / mein lieber Sohn, an dir habe ich Freude.« Da wurden die Menschen froh. Manche wurden sogar geheilt davon. Von der Liebe wird man heil.
Da wirst du froh, wenn einer sagt: »Ich mag dich, an dir hab ich Freude, ich finde dich gut.« Und wenn Gott das sagt, noch viel mehr.

Lied *Wenn einer sagt ich mag dich du (LJ 626, 1-3)*

Aber dann war Jesus tot. Er konnte es jetzt nicht mehr sagen: »Gott sagt: Ich mag dich, an dir hab' ich Freude.« Seine Freunde dachten: Wie soll das weitergehen? Wir Menschen müssen das doch hören: Du bist meine liebe Tochter / mein lieber Sohn. Das brauchen wir Menschen doch. Da erinnerten sie sich! Mit der Taufe hat alles angefangen. Also taufen wir die Menschen und sagen ihnen dabei: »Gott sagt zu dir: Du bist meine liebe Tochter / mein lieber Sohn. An dir hab' ich Freude.«
So geht die Taufe um die Welt, und alle, die es hören wollen, die lassen sich taufen; und die Eltern, die es für ihr Kind hören wollen, lassen ihr Kind taufen. Das tut uns allen gut, zu hören: »An dir hab ich Freude«. Darum feiern wir das heute. Und erinnern uns an die Taufe. Dazu müssen wir nicht an den Jordan gehen. Das können wir mit unserem Wasser hier machen. Wasser spendet Leben.

Lied   *Aus tiefen Brunnen schöpfen (s.o.)*

mehrmals wiederholen, auch summen

Handlung   *Tauferinnerung*

Wir schöpfen jetzt Wasser aus der Schale in kleine Schälchen und geben sie in die Runde.

Mitarbeitende beteiligen sich.

Wer ein Schälchen hat, taucht seine Fingerspitzen ein, benetzt die Stirn seines Nachbarn / seiner Nachbarin und spricht ihn / sie mit Namen an: »Ute, Gott sagt zu dir: Du bist meine liebe Tochter. An dir hab ich Freude.«

Dabei kann das Lied »Aus tiefen Brunnen schöpfen« instrumental leise gespielt werden.

Das ist ein großes Lob für uns Menschen, wenn Gott sagt: »Du bist meine liebe Tochter, du bist mein lieber Sohn, an dir hab ich Freude.« Das macht uns froh. Das macht unser Leben heil. Das kommt natürlich nicht von dem Wasser: Durch die Art, wie wir sind: So kommt die Liebe - so kommt Gott – zu uns. In der Liebe zueinander.

Liedstrophe   *Gott sagt zu dir, ich hab dich lieb (LJ 626,4)*

Besinnung

Es liegt in unseren Händen; in meinen Händen, in deinen Händen liegt die Zärtlichkeit, die Gott für uns hat. Meine Augen, deine Augen strahlen mit ihren Blicken die Freundlichkeit aus, die Gott zu uns hat. Mein Mund, dein Mund spricht die Liebe aus, die Gott uns schenkt. So ist das. Wir sind alle Bruder und Schwester, Kinder Gottes. Gott ist uns Vater und Mutter. Darum hat Jesus nicht nur »Freund« und »Freundin« zu seinen Jüngern und Jüngerinnen gesagt, sondern »Bruder« und »Schwester«. Das geht nicht mehr weg. Freundschaft kann man lösen. Geschwisterschaft bleibt, auch wenn dir der oder die andere in manchem nicht gefällt. Das ist eine bleibende Verbindung; wir sind Brüder und Schwestern der Liebe. Das können wir jetzt spüren. Jede/r soll merken, wie sie / er im Kreise der Geschwister gut aufgehoben, gut geborgen ist.

Fürbittengebet

Die Geschwisterlichkeit verbindet nicht nur uns. Alle Menschen sind Söhne und Töchter Gottes. Viele merken davon wenig oder nichts. Es geht ihnen schlecht. Wir schließen uns in Gedanken mit allen Menschen zusammen und beten für sie. Wir denken dabei besonders an die, die nichts zu lachen haben.

Liedstrophe *Wir wünschen, Herr, daß jedes Kind (MKL 108,1)*

Wir sind Geschwister. Ich wünsche mir, daß wir das nicht nur im Kopf wissen. Ich wünsche mir, das wir die Freundlichkeit erleben, daß wir Freunde werden. Ein Zeichen können wir uns gegenseitig geben, wenn wir uns an den Schultern berühren.

Liedstrophe *Wir wünschen, Herr, daß jeder Mensch (MKL 108,2)*

Täglich höre ich von Kriegen, von Haß, von Feindschaft. Angst macht mir das! Kommt, laßt uns einander bei den Händen fassen. Das ist ein Zeichen des Friedens.

Liedstrophe *Wir wünschen, Herr, daß jedes Volk (MKL 108,3)*

Jetzt sind wir zu einem großen Kreis verbunden hier im Raum. In Gedanken geht der Kreis weiter nach draußen und spannt sich über die ganze Welt und schließt alle Menschen mit ein, wenn wir jetzt beten.

Vater unser

Dabei fassen wir uns an den Händen.

Sendung: Pilgertanz zum Lied *Ausgang und Eingang (MKL 2)*

Wir setzen uns miteinander in Bewegung mit dem Pilgertanz. Dazu singen wir: Ausgang und Eingang.

Wir stehen in einer Schlange und fassen uns an den Händen. Oder wir stehen hintereinander und legen die rechte Hand auf die linke Schulter der Person vor uns.

1 Aus-	2 gang	3 und Ein-	4 gang
1 An-	2 fang	3 und En-	4 de
1 rechter Fuß vor	2 linker Fuß vor	3 rechter Fuß vor	4 linker Fuß zurückwiegen

Segen

Der Segen sagt: »Gott ist mit uns.« Das können wir spüren, wenn wir die Nähe der andern erleben. Wir legen uns gegenseitig die Hände auf die Schultern oder auf den Kopf und sprechen den Segensspruch Satz um Satz nach:
Gott segnet dich und behütet dich.
Gott läßt sein Angesicht leuchten über dir
und ist dir gnädig.
Gott sieht dich freundlich an
und schenkt dir Frieden.

Lied *Bewahre uns Gott (EG 171,1)*

Hände auf den Schultern der Nachbarn und Nachbarinnen; wiederholt singen und leichte Wiegebewegung.

Glaube kommt aus den Kinderschuhen

Ansprache zur Taufe und Tauferinnerung
zu Mk 10,14 und Ps 121,3

Anne-Kathrin Kruse

Vorüberlegungen

In regelmäßigen Abständen feiern die Kinder ihren Gottesdienst gemeinsam mit den Erwachsen, z. B. an Taufsonntagen. Die folgende Predigt zur Tauferinnerung habe ich vom Altar aus gehalten. Während der Predigt holen die Kinder, die auf Teppichen vor dem Altar sitzen, nacheinander verschiedene Schuhe aus einer großen Kiste.

An den Taufen sind sie beteiligt, indem wir gemeinsam im Gottesdienst überlegen, was zur Taufe alles nötig ist. Sie bereiten den Taufstein mit Blumen und Taufwasser vor, entzünden nach der Taufe die Taufkerzen an der Osterkerze und überreichen die Patenbriefe.

Schließlich stellen wir den Taufbaum auf, zusammengesteckt aus 40 verschieden langen Rundhölzern; so ist er leicht auch ins Gemeindehaus zu transportieren. Der Taufbaum wurde von einem Schreiner gestiftet, der selbst Taufvater war.

Die Kinder stellen den Taufbaum vor den Altar, hängen bunte, aus Karton gebastelte Äpfel daran mit einem Photo von ihrer Taufe, dazu ihre Namen, Geburts- und Taufdatum, schließlich ihren Taufspruch. Ebenso die Tauffamilien. (Diese Idee stammt von Günter Kaltschnee, Der Sachsenhäuser Taufbaum, in: E. Domay, Gottesdienstpraxis Serie B, Taufe, Gütersloh 1993, S. 124f.) Anschließend bilden sie zusammen mit den Tauffamilien einen Kreis um den Taufbaum und singen das Tauflied.

Seither hat der Taufbaum in der Stadtkirche seinen festen Platz und erfreut sich großer Aufmerksamkeit bei Gottesdienstbesuchern und Touristen bei Kirchenbesichtigungen ebenso wie bei den Kindern, die jedesmal, wenn sie in die Kirche kommen, schauen, ob ›ihr‹ Apfel noch da ist.

Wichtig ist der sensible Umgang mit nichtgetauften Kindern. Sie sollen sich durch diese Symbolhandlung nicht ausgeschlossen fühlen, im Gegenteil: Wir versuchen, den Kindern deutlich zu machen, daß auch religiöse Biographien unterschiedlich verlaufen und in jeder Gestalt Achtung verdienen.

Ansprache

Liebe Gemeinde!
Ich habe Euch und Ihnen heute etwas mitgebracht, was Ihr alle gut kennt. Wir wollen mal sehen, was alles in der Kiste ist.

- *ABS-Socken:* So klein haben wir alle einmal angefangen. Wie winzig ein Mensch bei seiner Geburt ist, das vergessen wir sehr schnell. Die Babys, die wir heute taufen wollen, Cora, Niklas, Marcel und Daniel sind da alle schon richtig kräftig. Sie können noch nicht laufen, aber dafür schon unwahrscheinlich viele andere Dinge: sehen, riechen, tasten, greifen, schreien, krabbeln, trinken, essen, die Nacht durchschlafen, erzählen – wir verstehen sie bloß noch nicht, Mutter und Vater erkennen …

Die Kinder ergänzen.

- *Baby-Schuhe:* Laufen lernen sie mit einem Jahr, erst an den Möbeln entlang, dann an der Hand, einmal mutig, dann auch wieder ängstlich, und eines Tages laufen sie plötzlich alleine los – ein großes Erlebnis für das Kind und für die Eltern. Plötzlich einen halben Meter größer sein und an ganz viele Dinge herankommen, die vorher unerreichbar schienen!
- *Gummistiefel:* Und dann wächst das Kind immer weiter, und lernt immer neue Sachen dazu, z. B. in Pfützen planschen, im Sandkasten matschen, im Garten helfen …
- *Stiefel:* Es lernt Ausdauer, große Wanderungen machen, auf hohe Berge klettern …
- *Turnschuhe:* Rennen, springen, klettern, Roller fahren …
- *Schneeschuhe:* Schlitten fahren, einen Schneemann bauen …
- *Flossen:* Schwimmen, tauchen.

An den Schuhen können wir gut sehen, wie schnell ihr Kinder wachst …
Da stehen sie nun, all die Schuhe. Vergleicht Ihr und vergleichen Sie mit Ihren Schuhen! Daran merkt Ihr, wie groß Ihr inzwischen geworden seid, was Ihr alles dazugelernt habt – und wir danken Gott dafür, daß er Euch wachsen und lernen läßt und daß er auf all Euren Wegen bei Euch ist.
In der Bibel heißt es von Gott in dem Psalm, den wir vorhin gebetet haben: Er wird deinen Fuß nicht gleiten lassen, und der dich behütet, schläft nicht (Psalm 121,3). Das bedeutet: Gott will bei diesen Kindern – bei allen Kindern – sein, egal, wohin sie gehen, welchen Weg sie einschlagen. So wie Sie, liebe Eltern, Ihr Kind auffangen, wenn es stolpert und hinfällt, so hilft Gott ihm wieder auf die Beine. Und so wie Sie als Eltern mit Ihren Gedanken bei Ihrer Tochter oder bei Ihrem Sohn sind, wenn sie weggehen, so macht es Gott auch – mit allen Menschen. Er wird deinen Fuß nicht gleiten lassen, und der dich behütet, schläft nicht.
- *Erwachsenen-Schuhe:* Denn auch für Erwachsene gilt, wohin wir auch gehen, wenn wir hinfallen, uns verlaufen, in unserem Leben in eine Sackgasse geraten – Gott schläft nicht, er geht mit und will uns am Ziel in seine Arme schließen.
Laufen lernen Kinder schnell. Aber daß sie in die richtige Richtung laufen, dorthin, wo das Leben ist, das wünschen wir uns für sie. Darum sagt Jesus: »Laßt die Kinder zu mir kommen.« (Mk 10,14) Laßt sie zu mir, haltet sie nicht fern von mir, denn ihnen gehört das Reich Gottes, nicht mehr und nicht weniger!

Da klingt es an, Gottes Ja für die, die noch am Anfang sind, die jetzt noch gar nicht laufen können und die später mit offenen Augen und Ohren durchs Leben gehen. Auch für uns Große, die wir nie fertig sind und auf viele Fragen unserer Kinder (und Enkel) keine Antwort wissen. Gottes Ja für Cora, Niklas, Marcel und Daniel, daß sie in ihrem Leben erfahren, daß sie gemeint sind – von einer Liebe, die ihr Leben will; die ihnen hilft, die sie fördert, die heilt, die da ist ohne große Worte und die doch immer wieder durchschimmert.

Zurück zu unseren Schuhen!
Die meisten von ihnen sind uns zu klein geworden. Müßten wir sie immer noch tragen, so würden entweder unsere Füße ganz schön wehtun oder die zu kleinen Schuhe würden kaputtgehen.
Jedes Alter braucht seine eigenen Schuhe. Die Schuhe müssen sozusagen mitwachsen. Damit möchte ich etwas Wichtiges sagen: So wie mit dem Laufenlernen und den Schuhen, so ist es auch mit der Taufe und dem Glauben. Daß wir getauft sind, ist wichtig; aber genauso wichtig ist es, daß unser Glaube mitwächst.
Dazu gehört, daß Cora, Niklas, Marcel und Daniel immer wieder an ihre Taufe und an Gott erinnert werden. Dazu gehört, daß sie immer wieder etwas von Gott erfahren, daß sie die Geschichten aus der Bibel erzählt bekommen, daß sie nach Gott fragen dürfen, daß sie erleben: Sie werden von Gott geliebt, sie sind ihm wichtig, »er wird ihren Fuß nicht gleiten lassen ...« (Ps 121,3).
Und übrigens: Für Erwachsene gilt das ebenso. Unser Glaube muß ein Leben lang mitwachsen. Jedes Lebensalter hat seine eigenen Fragen und Aufgaben. Ein Glaube, der nicht erwachsen werden darf und immer Kinderglaube bleibt, ist wie ein zu klein gewordener Schuh: Entweder der Mensch nimmt Schaden, oder der Glaube geht kaputt.
Wenn mir jemand sagt: »Glaube an Gott ist doch Kinderkram«, dann durfte der Glaube nicht erwachsen werden und landete wie die zu klein gewordenen Schuhe in solch einer Kiste.
Vielleicht seid Ihr Kinder ein Anlaß, daß die Erwachsenen wieder Fragen stellen, daß sie mit Euch zusammen nach Antworten suchen. Vielleicht bekommen Sie durch Ihre Kinder wieder Lust, über Gott und die Welt ganz anders nachzudenken als noch vor zehn Jahren (schließlich tragen Sie inzwischen auch neue Schuhe).
Liebebedürftig und dankbar, freudestrahlend und voller Phantasie verwandeln die Kinder uns vielleicht zu Wegbereitern der Liebe Gottes. Denn in den Kindern begegnet uns Gott auf frischer Tat!
Amen.

ABENDMAHL

Mit Kindern Abendmahl feiern

Eine Einführung
Georg Ottmar

Bestandsaufnahme

Seit den siebziger Jahren wird im Raum der deutschsprachigen evangelischen Kirchen immer wieder die Frage nach der Teilnahme von Kindern am Abendmahl diskutiert. Die Bemühungen dieser Jahre um eine Reform des Gottesdienstes hatten zu einer Wiederentdeckung der Abendmahlsfeier als grundlegender Form des Gemeindegottesdienstes geführt. Zugleich wurden immer mehr Familiengottesdienste angeboten; immer wieder wurde dabei der Wunsch laut, Kinder auch am Abendmahl teilnehmen zu lassen. Die Zulassung zum Abendmahl war jedoch in aller Regel an die Konfirmation gebunden. Mit Hinweis auf 1 Korinther 11,27 wurde argumentiert, nur der sei des Abendmahls »würdig«, der zuvor in geeigneter Weise über seinen Sinn belehrt worden sei. Kinder, aber auch andere Personengruppen, wie beispielsweise Menschen mit geistiger Behinderung, waren dadurch faktisch vom Abendmahl ausgeschlossen.
Diese Diskussion erhielt zusätzlichen Auftrieb durch Impulse aus der Ökumene. So fragte die Komission für Glauben und Kirchenverfassung des ÖRK 1974 in Accra:

»Wenn die Taufe, als Einverleibung in den Leib Christi, von ihrem ganzen Wesen her auf die eucharistische Teilhabe an Christi Leib und Blut hinweist, aus welchen Gründen könnte dann noch eine weitere Handlung dazwischengesetzt werden? Diejenigen Kirchen, die Kinder taufen, ihnen aber die Teilnahme an der Eucharistie verweigern, könnten vielleicht darüber nachdenken, ob sie die Folgerungen der Kindertaufe voll anerkannt und akzeptiert haben.«

In einer Handreichung der VELKD (1977) wurde diese Diskussion aufgenommen und die Teilnahme von Kindern am Abendmahl unter gewissen Voraussetzungen empfohlen.
Hierzu gehört, daß der Teilnahme am Abendmahl eine dem Lebensalter der Kinder angemessene Unterweisung vorangehen muß. Auch wird vorausgesetzt, daß Kinder, die am Abendmahl teilnehmen, von ihren Eltern und/oder anderen erwachsenen Bezugspersonen begleitet werden. Abendmahlsfeiern, die sich ausschließlich an Kinder richten, werden abgelehnt. Nicht

zuletzt wird den gemeindeleitenden Gremien vor Ort ein hohes Maß an Entscheidungsfreiheit in dieser Frage zugestanden.

Die einzelnen Landeskirchen haben diese Empfehlungen sehr unterschiedlich umgesetzt; dies betrifft insbesondere die Zulassungsvoraussetzungen. Folgerichtig gehört die Teilnahme von Kindern beim Abendmahl mittlerweile bei jenen Landeskirchen zur Normalität, die vor allem die Freiräume zur Gestaltung solcher Feiern betont hatten. In Landeskirchen, die die Zulassungsvoraussetzungen zum Abendmahl sehr eng gefaßt haben, werden Abendmahlsfeiern mit Kindern hingegen nur wenig praktiziert.

So wurde in der württembergischen Landeskirche 1979 eine »Handreichung zur Frage der Teilnahme von Kindern am Heiligen Abendmahl« veröffentlicht, in der zwar generell festgestellt wird, »daß Kinder, die getauft sind, nicht grundsätzlich von der Teilnahme am Abendmahl ausgeschlossen werden können.« Weil die Zulassung zum Abendmahl aber weiterhin mit der Konfirmation verknüpft bleiben soll, wird die Teilnahme von Kindern nur als Ausnahme ins Auge gefaßt und an eine Reihe von Voraussetzungen gebunden.

So muß das Kind mindestens das Schulalter erreicht haben. Es soll die Teilnahme am Abendmahl selbst wünschen und von den Eltern und/oder anderen erwachsenen Bezugspersonen begleitet werden. Auch soll zuvor ein persönliches Gespräch »mit dem zuständigen Pfarrer« geführt werden. Empfohlen wird ferner ein entsprechender Beschluß durch den Kirchengemeinderat, die rechtzeitige und gründliche Information der Gemeinde sowie die besonders sorgsame Vorbereitung der entsprechenden Gottesdienste.

Ähnliche Regelungen gibt es in anderen Landeskirchen.

Kein Wunder, daß die Teilnahme von Kindern am Abendmahl in dieser Landeskirche derzeit kaum diskutiert, geschweige denn praktiziert wird. Darüber macht sich in vielen Gemeinden, vor allem unter den ehrenamtlichen MitarbeiterInnen im Kindergottesdienst, zunehmend Unmut breit. Sie fragen deshalb verstärkt nach Praxisentwürfen für die Gestaltung von Gemeindeessen, Kinderkirchfrühstück und anderen Formen der Tischgemeinschaft. Solche Feiern orientieren sich an den gemeinschaftsbezogenen Dimensionen des Abendmahls und betonen damit einen Aspekt der biblischen und frühchristlichen Abendmahlsüberlieferung, der unseren liturgisch erstarrten Kultfeiern weithin verlorengegangen ist. Sie sollten deshalb gezielt aufgegriffen und als ein wichtiges Element zur Belebung und Vertiefung unserer Abendmahlspraxis gefördert werden.

Gute Gründe für die Zulassung von Kindern zum Abendmahl

Theologische Einsichten

Entscheidend für die Frage nach der Teilnahme von Kindern am Abendmahl ist jedoch nicht, unter welchen (kirchenrechtlichen) Bedingungen sie zulässig ist, sondern inwieweit sie theologisch verantwortbar oder gar geboten ist.

100

Biblisch gesehen gibt es jedenfalls keinen Grund, weshalb getaufte Kinder nicht am Abendmahl teilnehmen können. Denn die Taufe ist Grundvoraussetzung für das Abendmahl und bedarf keiner Ergänzung oder Einschränkung. Wer getauft ist, gehört zum Leib Christi. Und das Abendmahl ist in besonderer Weise Gemeinschaftsfeier derer, die durch die Taufe in die Gemeinde Jesu Christi gerufen sind.

Diese Gemeinschaft bleibt unvollständig, solange Kinder oder andere Personengruppen ausgeschlossen werden. Im Abendmahl vergegenwärtigt die Gemeinde die Lebenspraxis Jesu, der sich mit Vorliebe den Menschen zugewendet hat, die an den Rand gedrängt wurden. Zu ihnen gehörten schon damals gerade auch die Kinder. Nicht zufällig sind es ja gerade die Kinder, die Jesus immer wieder ins Zentrum der Aufmerksamkeit stellt: Wer ein Kind aufnimmt in seinem Namen, der nimmt ihn selbst, ja der nimmt Gott auf (Mk 9,37). Kinder sollen den Jüngern zum Vorbild für das Empfangen des Gottesreiches dienen (Mk 10,15; Mt 18,3); darum sollen wir sie nicht verachten (Mt 18,10) oder gar versuchen, sie aus der Nähe Gottes herauszudrängen (Mt 18,6). Im Gegenteil! »Lasset die Kinder zu mir kommen und hindert sie nicht daran!« (Mk 10,14) – es macht keinen Sinn, diese Worte als Begründung für die Kindertaufe anzuführen, wenn sie nicht gleichermaßen für die Teilnahme von Kindern am Abendmahl Geltung haben.

Pädagogisch-psychologische Gesichtspunkte

Auch unter pädagogischen und psychologischen Gesichtspunkten ist es sinnvoll, Kindern die Teilnahme am Abendmahl zu ermöglichen. Denn »es ist ein Irrtum zu meinen, man könne nur das bejahen und praktizieren, was man lehrmäßig verstanden hat. Vielmehr gehen einübendes Verhalten und Erleben dem verstehenden Erfassen voraus« (VELKD-Handreichung, Absatz III). So lebt der Glaube von der Erfahrung der Nähe und Freundlichkeit Gottes, die erst im Nachhinein vom Verstand durchdrungen werden kann. Wo wir also Kinder mit hineinnehmen wollen in den weiten Raum des Glaubens, werden wir ihnen zuerst Möglichkeiten eröffnen müssen, die ihnen die Nähe und Freundlichkeit Gottes erfahrbar macht.

Eine Hinführung zum Abendmahl wird also am ehesten dort geschehen, wo Kinder durch ihre Teilnahme am Abendmahl zum Mitfeiern und Mitglauben eingeladen werden. Eine begleitende, altersgerechte Einführung in die Bedeutung des Abendmahls kann den Kindern helfen, das Erlebte zu deuten und neue Erfahrungen zu integrieren. So ist eine schrittweise Entdeckung der im Abendmahl verborgenen Vielfalt möglich, die im KonfirmandInnenalter kaum mehr vermittelbar ist. Anders als Jugendliche im KonfirmandInnenalter sind Kinder auch bemerkenswert offen für den Symbolgehalt des Abendmahls. Sie haben ein Gespür dafür, daß das Abendmahl mehr ist als Brot und Wein, mehr als Essen und Trinken. Sie können sich deshalb leichter und unbefangener als manche Erwachsene in die Feier einbringen.

Gegen den späten Zeitpunkt der Erstkommunion im Jugendalter spricht nicht zuletzt die Beobachtung, daß die erste Abendmahlsfeier bei der Konfirmation für viele zugleich die letzte ist. Überspitzt formuliert: Wer dreizehn oder vierzehn Jahre lang ohne Abendmahl leben konnte, vermißt es offenbar auch in späteren Jahren nicht.

Kirchengeschichtliche Überlegungen

Auch kirchengeschichtlich spricht alles für die Wiederzulassung von Kindern zu den Abendmahlsfeiern der Gemeinde. Denn bis zum 11. Jahrhundert war die »Kinderkommunion« ebenso Praxis wie das Abendmahl für Säuglinge im Anschluß an die Taufe. Erst mit der Wandlungslehre (»Transsubstantiation«: Brot und Wein sind nach der Wandlung durch den Priester Fleisch und Blut Christi) wurden die Abendmahlselemente zum Gegenstand scheuer Verehrung. Zugleich wurde aus Gründen der Kirchenzucht die Zulassung zur Kommunion immer enger mit der Beichte verknüpft.

Diese Verknüpfung läßt sich bis in die Zeit der konstantinischen Wende zurückverfolgen. Denn mit der Etablierung des christlichen Glaubens zur Staatsreligion verloren die Gemeinden ihren Charakter als kommunitäre Lebensgemeinschaften. Die Kirchenzucht gewann an Bedeutung. Parallel dazu wurde die Ausrichtung des Abendmahls auf die Gemeinschaft in den Hintergrund gedrängt. Es wurde nunmehr als Akt der persönlichen Heilsvergewisserung aufgefaßt. Diese Individualisierung des Abendmahls hatte zur Folge, daß die persönliche Beichte als Bedingung für die Abendmahlszulassung stärker betont wurde. In diesem Sinne wurde das oft zitierte »unwürdig« aus 1 Kor 11,27 nicht mehr auf das Verhalten des Einzelnen gegenüber der Gemeinschaft bezogen, sondern individualisierend-moralisch umgedeutet.
Zugleich geriet der Zusammenhang von Taufe als Hineingenommensein in den Leib Christi und Abendmahl als gemeinschaftliche Feier der Zugehörigkeit zum Leib Christi zunehmend in Vergessenheit. An seine Stelle trat die auch liturgisch vollzogene Koppelung des Abendmahls an das persönliche Schuldbekenntnis, die das allgemein gültige Abendmahlsverständnis bis heute prägt.
Viele Christinnen und Christen klagen zu Recht darüber, daß unsere Abendmahlsfeiern durch die einseitige Betonung des persönlichen Schuldbekenntnisses nichts mehr von der Freude über die Sündenvergebung und über die Zugehörigeit zum Leib Christi spüren lassen. Hier kann gerade die Teilnahme von Kindern neue Impulse geben. Sie kann dazu helfen, den festlichen Charakter des Abendmahls zurückzugewinnen, bei dem die freundliche Nähe Gottes und die heilsame Gemeinschaft in der Gemeinde in vielfältiger Weise erfahrbar wird. So kann ein wichtiger Beitrag zur Erneuerung von Theologie und Kirche geleistet werden.

Die skizzierten Entwicklungen führten dazu, daß auf dem 4. Laterankonzil von 1215 den Kindern das Abendmahl entzogen wurde. (Parallel dazu wurde den Laien der Kelch entzogen.) Der Zeitpunkt für die Erstkommunion wurde auf das 7. Lebensjahr festgelegt. In dieser Lebensphase sah man beim Kind die Fähigkeit zur Unterscheidung von Gut und Böse als gegeben an.

In der Reformationszeit wurde die Frage nach der Gegenwart Christi mit dem Gedanken der »Ubiquität«, des Überallseinkönnens Christi, beantwortet. Der Gedanke der Transsubstantiation wurde nunmehr abgelöst von der Vorstellung, Christus sei bei der Abendmahlshandlung gegenwärtig »in, mit und unter« den Elementen von Brot und Wein. Folgerichtig haben die Reformatoren den Laienkelch wieder eingeführt. Die aus der Wandlungslehre abgeleitete Abendmahlspraxis hinsichtlich der Kinder haben sie jedoch inkonsequenterweise beibehalten. Zugleich haben sie Katechismuswissen und moralische Reife als zusätzliche Voraussetzungen für die Zulassung zum Abendmahl festgelegt und damit das Alter für die Erstkommunion auf das 14. Lebensjahr erhöht.

Mit dieser Entscheidung fand jedoch eine weitere Verengung des Abendmahlsverständnisses statt, die den biblischen Vorgaben nicht mehr angemessen ist. Umso notwendiger ist es, unsere Abendmahlspraxis aus diesen unzulässigen Verengungen zu befreien und die Vielfalt des biblischen Abendmahlsverständnisses für die Gemeinden zurückzugewinnen.

Vielfalt und Reichtum des Abendmahls

Das Abendmahl vergegenwärtigt uns die Nähe und Freundlichkeit Gottes, der sich in Jesus Christus mit uns verbündet und uns einlädt zu neuem Leben in der Nachfolge, in der Gemeinschaft der Gemeinde und in der Hoffnung auf Gottes Reich.

Zur Entstehungs- und Bedeutungsgeschichte des Abendmahls

• Das Abendmahl verdankt sich zunächst der Lebenspraxis Jesu, der Gottes Nähe gerade denen verheißen hat, die von ihren Mitmenschen an den Rand gedrängt und aus der Gemeinschaft ausgeschlossen wurden. In der Tischgemeinschaft mit Sündern und Zöllnern (Mk 2,13f.; Lk 19,1-10) machte Jesus deutlich: Bei Gott ist niemand ausgeschlossen. Alle sind eingeladen zum »Fest des Lebens«, in dem Gottes Wirklichkeit erfahrbar und Gottes neue Welt zeichenhaft sichtbar wird.

• Diese gemeinsamen Mahlzeiten führen hin zu der letzten Mahlzeit Jesu mit seinen Jüngern am Vorabend seines Todes. Auch hier steht das gemeinsame Essen und Trinken im Vordergrund, das Teilen des gebrochenen Brotes und das Trinken aus dem einen Kelch.

Die Erläuterung beim Brotwort »dies ist mein Leib« bezieht sich grammatikalisch nicht auf das Element des Brotes, da das Brot im Griechischen maskulin ist. Der Zusammenhang der Einsetzungsworte in 1 Kor 11 macht deutlich, daß die Worte »dies ist mein Leib« vielmehr auf den Vorgang des gemeinsamen Essens und Trinkens im Namen Jesu verweisen (vgl. 1 Kor 10,16).

Auffällig ist auch, daß sich das Deutewort in 1 Kor 11,25 nicht auf das Blut Jesu, sondern auf den Kelch – genauer: auf das gemeinsame Trinken aus dem einen Kelch – bezieht. Eine wie auch immer gedachte Gleichsetzung von Wein und Blut ist hier also nicht intendiert. Es ist ja auch schwer vorstellbar, daß der Jude Jesus seine Jünger zum in der Tora mehrfach untersagten Blutgenuß aufgefordert und der Jude Paulus die Christen aus den Völkern zum Übertreten der noachitischen Gebote angeleitet hätte!

Erst die synoptischen Evangelien haben das Deutewort für den Kelch, wohl in Angleichung an das Brotwort, so formuliert, daß das Mißverständnis einer Gleichsetzung von Abendmahlswein und Blut Jesu entstehen konnte (vgl. hierzu die Empfehlungen zur Formulierung der Einsetzungs- und Spendeworte auf Seite 114).

- Das letzte Mahl war zugleich Feier des Passahmahls: Feier der großen Befreiungstat Gottes, der sein Volk aus dem Sklavenhaus Ägypten geführt hat und deshalb Hoffnung gibt auf Befreiung aus allen versklavenden Bindungen. Das Abendmahl ist von daher Wegzehrung für alle, die sich auf den Weg in die von Gott gewiesene Zukunft einlassen.
- Jesus selbst deutet diese letzte Mahlzeit mit seinen Jüngern als Bundesmahl. Der Gott Israels, der sich durch Abraham und Mose mit seinem Volk verbündet hat, schließt durch Jesus Christus einen Bund mit allen Menschen. Nichts soll uns von Gott trennen. Deshalb schließt er diesen Bund »zur Vergebung der Sünden«. Durch die Lebenshingabe Jesu, durch sein Blut, wird dieser Bund besiegelt.
- Nach seinem Sterben und Auferstehen lädt der Auferstandene seine Jüngerinnen und Jünger erneut an seinen Tisch. Trotz ihres Versagens sucht Jesus die Gemeinschaft mit ihnen. Im Abendmahl erfahren sie konkret, was Vergebung bedeutet: Chance zum Neuanfang, erneuter Ruf in die Nachfolge Jesu, Beginn einer neuen Lebenswirklichkeit und damit Teilhabe an Jesu Tod und Auferstehung. Zugleich wird das Abendmahl zum Zeichen für die Gemeinschaft der Jüngerinnen und Jünger mit dem Auferstandenen und untereinander: wir sind Gäste, Jesus ist unser Gastgeber.
- In den frühen christlichen Gemeinden wird das gemeinsame Mahl zur zentralen Form des gemeinsamen Gottesdienstes. Es erinnert an Leben, Sterben und Auferstehen Jesu. Analog zum Passahmahl vergegenwärtigt es die Nähe Gottes, der sich mit uns verbündet hat. Es schafft einen offenen Raum, der uns ermöglicht, Schuld zu erkennen und einander Anteil zu geben an den Bruchstücken unseres Lebens. Es ermöglicht die Erfahrung der Vergebung. Und es stellt uns in die Gemeinschaft derer, die wie wir Anteil nehmen dürfen an dem neuen Leben, zu dem uns Jesus ermutigt, »bis er kommt« (1 Kor 11,26). So wird das Abendmahl zu einer Dankfeier (»Eucharistie«) für Gottes Liebe und Barmherzigkeit.
- Das Abendmahl der frühen christlichen Gemeinden hat immer auch eine diakonische Dimension. Die Abendmahlsfeier umrahmte ein gemeinsames Abendessen, bei dem die mitgebrachten Nahrungsmittel geteilt wurden (»Agapefeier«). Ein »Tischdienst« (»Diakonia«) sorgt für die gerechte Verteilung des Essens. So wird deutlich, daß am Tisch des Herrn alle satt werden.

• In den Evangelien überliefern die frühen christlichen Gemeinden Speisungsgeschichten, die ganz in der Tradition alttestamentlicher Speisungswunder stehen. Mit ihren deutlichen Anklängen an die Einsetzungsworte stellen sie ihre Abendmahlsfeiern in den Horizont des endzeitlichen Gottesmahls (Jes 25,6ff.; Mt 22,2ff.; Lk. 14,16ff.; 22,30). In jedem Abendmahl schwingt deshalb der jubelnde Lobpreis der endzeitlichen Gemeinde mit (Off 19,6-9). Die Freude an Gottes Gaben und die Vorfreude auf Gottes Reich prägen diesen Strang der Abendmahlsüberlieferung.

Auf dem Weg zum Abendmahl mit Kindern

Die Teilnahme von Kindern beim Abendmahl sollte nicht ohne gründliche Vorbereitung der Gemeinde eingeführt werden. Folgende Schritte seien genannt:

Die Abendmahlspredigt im Gottesdienst der Gemeinde

In vielen Gemeinden wird einmal im Monat Abendmahl im Gottesdienst der Gemeinde gefeiert. Dennoch wird dabei in der Regel keine besondere Abendmahlspredigt gehalten. So legen die immer wiederkehrenden Lieder und liturgischen Texte die Gemeindeglieder auf das einseitig-verengte Verständnis vom Abendmahl als auf den einzelnen bezogenes Buß- und Vergebungsgeschehen fest.
Regelmäßige Predigten über die vielfältigen Aspekte der biblischen Abendmahlsüberlieferung sind deshalb ein erster Schritt zu einem öffnenden und vertiefenden Abendmahlsverständnis.

Vorbereitende Veranstaltungen in der Gemeinde

Die Erfahrung zeigt, daß möglichst alle Gemeindeglieder, die von der Zulassung der Kinder zum Abendmahl betroffen sind, auf diese Entscheidung vorbereitet werden sollten.
Dazu gehören natürlich in erster Linie die Mitglieder des Kirchengemeinderates, die diese Entscheidung überhaupt erst zu treffen haben (siehe hierzu den Praxisbericht, S. 174ff.).
Auch die Mitarbeiterinnen und Mitarbeiter von Kindergottesdienst und Kindergruppen, die Erzieherinnen im Kindergarten sowie die Religionslehrerinnen und -lehrer der Grundschule könnten zu vorbereitenden Seminaren eingeladen werden. In diesem Kreis kann auch überlegt werden, welcher Rahmen geeignet ist, um die Kinder auf ihre Teilnahme am Abendmahl vorzubereiten.
Sinnvoll ist es, auch die Eltern und, wenn möglich, Patinnen und Paten in die Vorbereitungen einzubeziehen (siehe hierzu den Vorschlag für ein Eltern-

seminar in der badischen Arbeitshilfe »Abendmahl feiern mit Kindern«, S. 29-32).

Gottesdienste und andere Gemeindeveranstaltungen, in denen verschiedene Formen der Tischgemeinschaft ausprobiert und eingeübt werden, sind wichtige Schritte auf dem Weg zur gemeinsamen Abendmahlsfeier in der Gemeinde. In manchen Gemeinden geschieht dies im gelegentlich angebotenen Frühstücks-Gottesdiensten (siehe hierzug S. 158ff.) oder bei themenorientierten Gottesdiensten, z. B. am Erntedankfest (siehe hierzu S. 152ff.).

Schließlich sei daran erinnert, daß regelmäßig angebotene Tauferinnerungsgottesdienste eine gute Gelegenheit sind, um den inneren Zusammenhang zwischen Taufe und Abendmahlszulassung bewußt zu machen (vgl. hierzu S. 20).

Die Vorbereitung der Kinder

In manchen Gemeinden werden die Kinder im Kindergottesdienst auf ihre Teilnahme am Abendmahl vorbereitet. Dies hat den Vorteil, daß hier eine feste Gruppe von Kindern erreicht wird, bei der Vorkenntnisse im Hinblick auf die gottesdienstliche Feier und die Kenntnis biblischer Zusammenhänge vorausgesetzt werden kann. Der »Plan für den Kindergottesdienst« bietet immer wieder Vorschläge hierfür (siehe hierzu S. 178ff.).

Einige Gemeinden führen diese Abendmahlsvorbereitung regelmäßig in der Passionszeit durch. Hier wäre kritisch zu prüfen, inwieweit damit eine Einengung des Abendmahlsverständnisses auf die Erinnerung an Jesu Sterben und auf die Sündenvergebung verbunden ist.

Die Erfahrung zeigt freilich, daß im Kindergottesdienst längst nicht alle Kinder der Gemeinde erreicht werden. Deshalb gibt es in manchen Gemeinden spezielle Angebote, die Kinder im Rahmen von Kinderbibelwochen oder Kinderkursen auf die Teilnahme am Abendmahl vorzubereiten. Besonders sinnvoll ist es, dies mit Veranstaltungen zur Tauferinnerung zu verknüpfen. Denn dadurch wird deutlich, daß das Abendmahl die Gemeinschaftsfeier derer ist, die durch die Taufe zur Gemeinde Jesu Christi gehören (siehe hierzu S. 53ff. und 119ff. sowie S. 62ff. und 126ff.).

Von diesen Projekten ist es nur noch ein kleiner Schritt zum Vorkonfirmandenunterricht, wie er in einigen Gemeinden für Kinder der dritten Grundschulklasse durchgeführt wird. Dieses Konzept, das in Anlehnung an den katholischen Kommunionunterricht entwickelt wurde, befindet sich allerdings noch immer im Versuchsstadium (Näheres hierzu im Heft 1 der Zeitschrift »anknüpfen«, S. 4-8 und 11-15).

Information der Gemeinde z. B. im Gemeindebrief

Nicht versäumt werden sollte, die Gemeinde im Gemeindebrief oder ähnlichen Publikationen über die bevorstehende Änderung der Abendmahlsfeiern zu informieren (siehe hierzu S. 169ff.).

Abendmahl im Kindergottesdienst

Eine vielfach umstrittene Frage ist, inwiefern das Abendmahl im Kindergottesdienst gefeiert werden soll. Das häufigste Gegenargument lautet, daß das Abendmahl als Sakrament der Gemeinschaft eine Feier der ganzen Gemeinde sein soll. Dieses Argument geht davon aus, daß der Gottesdienst am Sonntagvormittag der Hauptgottesdienst ist, zu dem sich die Gemeinde versammelt. Diese Voraussetzung ist jedoch in vielen Kirchengemeinden längst nicht mehr gegeben. Gottesdienste und Abendmahlsfeiern finden zu unterschiedlichen Zeiten, an verschiedenen Orten und für unterschiedliche Zielgruppen statt. Auch der Kindergottesdienst ist ein regulärer, von der Kirchengemeinde verantworteter Gottesdienst, kein kirchliches Beiprogramm, das nach Belieben stattfinden kann oder auch nicht. Deshalb muß es gemäß CA 7 möglich sein, daß auch im Kindergottesdienst Abendmahl gefeiert wird.

Dabei sollten zwei Gesichtspunkte beachtet werden:
• Die Abendmahlsfeier im Kindergottesdienst sollte so geplant und bekanntgemacht werden, daß sie nicht nur den Kindern, sondern auch anderen Gemeindegliedern offensteht. Dabei ist vor allem an Eltern, PatInnen, Großeltern und andere für die Kinder wichtige Bezugspersonen zu denken.
• Die Abendmahlsfeier im Kindergottesdienst sollte von einem (nach CA 14) »ordnungsgemäß berufenen« Gemeindeglied verantwortet werden. Dies kann eine Pfarrerin, ein Pfarrer oder eine Diakonin, ein Diakon mit entsprechender Beauftragung sein. Vom protestantischen Grundsatz des »Priestertums aller Gläubigen« her sollte es aber auch möglich sein, daß erfahrene KindergottesdienstmitarbeiterInnen, nach entsprechender Fortbildung, mit der Verantwortung hierfür betraut werden. Es ist dringend erforderlich, daß Kirchengemeinden und Kindergottesdienst-Landesverbände sich bei der jeweiligen Kirchenleitung für entsprechende Regelungen einsetzen.

Zur Praxis der Abendmahlsfeier mit Kindern

Den Praxisberichten zufolge hat es sich bewährt, wenn Kinder ein- bis zweimal im Kirchenjahr gezielt zu Abendmahlsgottesdiensten für die ganze Gemeinde eingeladen werden. Solche Abendmahlsgottesdienste sollten nicht nur als Familiengottesdienste angekündigt, sondern als generationsübergreifende Gottesdienste im Sinne der »familia dei« gefeiert werden.

Bei der Austeilung der Abendmahlselemente werden keine Unterschiede zwischen Erwachsenen und Kindern gemacht. In der Regel wird deshalb Traubensaft anstelle von Wein angeboten. Oblaten bieten wenig Anreiz zu sinnlicher Wahrnehmung. Deshalb empfiehlt es sich, Fladenbrot oder selbstgebackenes Brot zu verwenden.

Eine offene Frage ist, ob nichtgetauften Kindern der Zugang zum Abendmahl verwehrt werden kann. Einerseits ist das Abendmahl die Gemeinschaftsfeier der in den Leib Christi Getauften. Andrerseits wird im Abendmahl die Liebe Gottes gefeiert, die alle Grenzen und menschlichen Grenzziehungen überschreitet. Von daher wird die Zurückweisung von nichtgetauften Kindern dem geistlichen Kern der Abendmahlsfeier nicht gerecht. Es sollte jedoch darauf geachtet werden, daß die Teilnahme am Abendmahl ein erster Schritt der Nichtgetauften auf dem Weg zur Taufe sein kann.

Miteinander feiern, das kann schön sein

Vorschlag für eine kindgerechte Abendmahlsliturgie

Georg Ottmar

Wenn wir zum Abendmahl zusammenkommen, dürfen wir »schmecken und sehen, wie freundlich der Herr ist« (Psalm 34,9). Das Abendmahl ist also Zeichen und Feier der Freundlichkeit Gottes. Im Abendmahl kommt Gott uns, wie in jedem Gottesdienst, freundlich entgegen. Diese Begegnung kann uns verändern und uns neue Kraft für den Alltag geben. Wir begegnen Gott in der Gemeinschaft der Gottesdienstgemeinde. Das gibt uns Mut, unseren Mitmenschen freundlich zu begegnen. Das gemeinschaftliche Erleben der Abendmahlsfeier spielt also eine wichtige Rolle, denn: miteinander feiern, das kann schön sein!

Der vorliegende Vorschlag für eine kindgerechte Abendmahlsliturgie orientiert sich an folgenden seit Jahrhunderten bewährten Grundschritten:

A. Eröffnung und Anrufung
B. Verkündigung und Bekenntnis
C. Abendmahlsfeier
D. Sendung und Segnung.

(nach der Erneuerten Agende, Grundform I+II)

Entsprechende Grundschritte für eine kindgerechte Abendmahlsfeier sind:

A. Ankommen, zusammenkommen, vor Gott kommen
B. Die Botschaft wahrnehmen
C. Miteinander feiern
D. Die Feier beschließen.
Streng genommen, gehören auch eine Vor- und Nachbereitungsphase zur Abendmahlsfeier.

In der Vorbereitungsphase sollte überlegt werden:
• Wer wird eingeladen – und wie (z. B. mit Einladungskarten)?
• In welchem Raum wird gefeiert? Wie wird der Raum geschmückt? Welche Sitzordnung wird gewählt?

- Ist es möglich, mit den eingeladenen Kindern Brot zu backen und Saft zu keltern? Wann ist der dafür geeignete Zeitpunkt? Am Vorabend? Oder im Gottesdienst selbst?
- Was tun, wenn viel weniger – oder viel mehr – Gäste kommen als erwartet?
- Gibt es für die GottesdienstteilnehmerInnen ein Geschenk zur Erinnerung?

Für die Nachbereitung ist nicht nur das Aufräumen wichtig, sondern auch die Auswertung:
- Sind wir den GottesdienstteilnehmerInnen gerecht geworden?
- Sind wir der Botschaft gerecht geworden?
- Was hat sich bewährt, was muß beim nächsten Mal anders gemacht werden?

Ankommen, zusammenkommen, vor Gott kommen

Ankommen

Die ankommenden GottesdienstteilnehmerInnen können am Eingang persönlich begrüßt werden.

Zusammenkommen

Die Festgemeinde wird begrüßt. Das Zusammensein wird begründet. Der liturgische Gruß weist uns darauf hin, daß Gott uns einlädt und wir Gäste an seinem Tisch sind. Das Eingangslied lädt zur Beteiligung an der gemeinsamen Feier ein.

Vorschlag

Willkommen im Namen Gottes! Willkommen zu unserer Abendmahlsfeier! Jesus lädt uns ein an seinen Tisch, damit wir »schmecken und sehen, wie freundlich der Herr ist.«

Mögliche Lieder

Freunde, kommt mal her (Gemeinde gestaltet Gottesdienst, S. 194)
Gott gibt ein Fest (LJ 386)
Kommt her, kommt zusammen (LJ 402)
Laßt uns miteinander (LJ 403; Tanzvorschlag in: Abendmahl feiern, S.43)
Mein Freund, tritt herein (Abendmahl feiern, S.46)
Wenn du singst, sing nicht allein (LJ 422)
Wir singen vor Freude (LJ 431)

Vor Gott kommen: Beten

Im Eingangsgebet wenden wir uns Gott zu und bitten ihn um seine Gegenwart. Kehrverspsalmen sind gut geeignet, um auch kleinere Kinder am Gebet zu beteiligen. Das Gebet kann auch gesungen werden.

Vorschlag

Guter Gott, du hast uns eingeladen. Wir sind deine Gäste.
Du bist für uns da. Dafür danken wir dir.
Wir bitten dich:
laß uns deine Güte und Freundlichkeit erfahren
in diesem Gottesdienst, im Abendmahl
und in der Gemeinschaft untereinander. Amen.

Mögliche Lieder

Du bist da, wo Menschen leben (LJ 498)
Du bist heilig (Gemeinde gestaltet Gottesdienst, S.172)
Erd und Himmel sollen singen (EG 499)
Hallelu-, Halleluja (LJ 389)

Kehrverspsalmen

nach Psalm 65: Das Brot teilen (Sagt Gott, S.41)
nach Psalm 67: Gott, du bis freundlich zu uns (Sagt Gott, S.43).

Die Botschaft wahrnehmen

Die Bedeutung und Verheißung des Abendmahls bedenken

In vielfältigen Verkündigungsformen (Erzählung, Spiel, Bildmeditation ...)
wird die Bedeutung und Verheißung des Abendmahls entfaltet. Dies geschieht im Rückgriff auf den Reichtum der biblischen Abendmahlsüberlieferung, aber auch im Bedenken eigener Lebenserfahrungen, z. B. unter den
Stichworten »Wir sind eingeladen«, »Miteinander essen, das kann schön
sein«, »Gemeinsam an einem Tisch«, »Miteinander teilen« oder »Unser täglich Brot«.

Mögliche Lieder

Komm, sag es allen weiter (EG 225)
Miteinander essen, das kann schön sein (LJ 599)
Wenn einer sagt, ich mag dich, du (LJ 624)

Klagegebet und Bitte um Vergebung

Das Sündenbekenntnis bringt im Sinne der Klage zum Ausdruck, worunter
wir im Blick auf Gottes Einladung leiden. Die Erfahrungen der Kinder von
Unrecht, Leid und Angst haben hier ihren Ort. Zur Klage gehört die Bitte um
Gottes Nähe. Sie kann zum Sündenbekenntnis werden, indem eigene Schuld
am Leiden anderer angesprochen wird. Das Klagegebet schließt mit der
Bitte um Vergebung.

Vorschlag 1

Guter, barmherziger Gott,
wir wollen dir sagen, was uns zu schaffen macht,
und möchten dich um Hilfe bitten.
Guter Gott, oft leiden wir darunter, daß andere uns unrecht tun.
Sie sind unfreundlich zu uns, und wir wissen nicht, warum.
Sie sagen Schlechtes über uns oder lachen uns aus.
Sie beachten uns nicht oder streiten mit uns.
Herr, erbarme dich.

Guter Gott, wir tun anderen oft unrecht:
wir sind anderen böse, weil sie nicht freundlich zu uns waren.
Wir denken schlecht von ihnen, weil sie einen Fehler gemacht haben.
Wir ärgern uns über andere, weil sie nicht gleicher Meinung mit uns sind.
An der Not der anderen gehen wir oft unachtsam vorbei.
Herr, erbarme dich.

Guter Gott, oft halten wir ängstlich fest, was wir haben.
Oft sind wir nicht bereit zum Teilen und Schenken.
Herr, erbarme dich. Vergib uns und hilf uns!

Vorschlag 2

Gott, du siehst, womit uns andere fertig machen:
Sie lachen uns aus. Sie zeigen mit Fingern auf uns.
Gott, hilf uns!

Gott, du weißt, auch wir machen andere fertig:
wir lachen sie aus. Wir zeigen mit Fingern auf sie.
Gott, verzeih uns!

Gott, du siehst,
manche werden ausgeschlossen, geärgert und ausgelacht.
Gib uns Mut, ihnen zu helfen.

(Anne-Kathrin Kruse)

Mögliche Lieder

Herr, erbarme dich (EG 178.11)
Kyrie, guter Gott (MKL 21)
Mein Gott, das muß anders werden (LJ 598)
Meine engen Grenzen (EG Württemberg 589)

Zuspruch der Vergebung

Der Zuspruch der Vergebung macht deutlich, daß Gottes Einladung gültig
ist trotz aller Klage und Schuld. Gott will uns Menschen nicht kleinmachen,

sondern stärken und befreien. Gesten und Körperhaltungen können helfen, dies erlebbar zu machen.

Vorschlag

Herr, du erbarmst dich über uns.
Deshalb dürfen wir uns freuen.
Dafür danken wir dir. Amen.

Mögliche Lieder

Du verwandelst meine Trauer in Freude (LJ 508)
Gott, deine Taten wecken Freude und Jubel (LJ 381)
Wie ein Fest nach langer Trauer (LJ 636)

Gottes Einladung annehmen

Die Freude über Gottes Einladung kann in einem Tanz oder mit einer Prozession, bei der wir den Abendmahlstisch decken, zum Ausdruck kommen. Das Tischdecken ist eine gute Möglichkeit, um auch kleinere Kinder an der Gestaltung der Abendmahlsfeier zu beteiligen.
Das Tischdecken kann mit einer kurzen Besinnung abgeschlossen werden.

Vorschlag

Wir haben Körbe mit Brot und Kelche mit Traubensaft zum Altar gebracht, etwas zum Essen und zum Trinken: Zeichen für das, was wir zum Leben brauchen und für das, was das Leben schön macht.
Als Jesus mit seinen Jüngerinnen und Jüngern Abendmahl gefeiert hat, haben sie gespürt: »Jesus hat uns lieb. Wir gehören zusammen. Bei ihm ist niemand ausgeschlossen, so wie bei Gott niemand ausgeschlossen ist. Und so, wie wir beim Essen alles teilen und zusammen sind, so wollen wir auch sonst im Leben alles teilen und zusammen sein.«
Wenn wir Abendmahl feiern, haben wir, wie die Jüngerinnen und Jünger, Gemeinschaft mit Jesus. Durch ihn kommt Gott uns freundlich entgegen. Wir sind Gottes Kinder – und untereinander Geschwister.
Darum teilen wir Brot und denken an Jesus. Er hat sich für uns gegeben, damit wir füreinander einstehen.
Wir teilen Traubensaft und denken dabei an Jesus. Gott hat ihn auferweckt, damit wir Anteil bekommen an seinem Reich.

Mögliche Lieder

Kommt mit Gaben und Lobgesang (EG 229)

Für die Einladung danken

Im sog. Gabengebet wird Gott für die Abendmahlselemente Brot und Wein/ Saft gedankt. Dieses Gebet erinnert uns daran, daß Gott uns durch die Gaben seiner Schöpfung am Leben erhält. Zugleich macht es die Verwandlung deutlich, die mit Brot und Wein/Saft in der Abendmahlsfeier geschieht: sie sind mehr als etwas zu Essen und zu Trinken, sie werden Zeichen der freundlichen Gegenwart Gottes.

Vorschlag

(Brot nehmen)

Guter Gott, Du schenkst uns das Brot,
die Frucht der Erde und der menschlichen Arbeit.
Wir bringen es vor dein Angesicht und bitten dich:
Laß es für uns zum Brot des Lebens werden.

(Kelch nehmen)

Guter Gott, Du schenkst uns die Frucht des Weinstocks
als Vorgeschmack auf dein Reich.
Wir bringen diesen Kelch vor dein Angesicht und bitten dich:
Laß ihn für uns zum Kelch des Heils werden.

Wie aus vielen Körnern das Brot
und aus vielen Trauben der Wein geworden ist,
so mache aus uns vielen eine Gemeinde,
Zeichen der Hoffnung für diese Welt.
Amen.

(nach einem alten Kirchengebet)

Mögliche Lieder

Ein jeder braucht sein Brot, sein' Wein (MKL 69)

Einsetzungsworte

Die Einsetzungsworte können in eine kurze Erzählung eingebettet werden. Dadurch können sie den Kindern leichter verständlich werden. Der Wortlaut der Einsetzungsworte sollte, wenn überhaupt, nur sehr behutsam verändert werden. Hilfreicher als die Formulierungen der synoptischen Evangelien sind die Abendmahlsworte aus 1 Kor 11,23-25, da sie dem Mißverständnis wehren, daß wir beim Abendmahl das Blut Jesu zu uns nehmen.
Beim Brotwort kann das Brot für alle sichtbar gebrochen werden; der Kelch kann beim Kelchwort für alle sichtbar hochgehoben werden.

Vorschlag

Am letzten Abend vor seiner Gefangennahme war Jesus mit seinen Freunden zusammen. Sie feierten das Passahfest. Sie lobten Gott und dankten ihm. Sie aßen und tranken miteinander. Auch Judas war mit am Tisch, Judas, der Jesus verraten hat.

Da nahm Jesus das Brot. Er dankte Gott. Dann brach er das Brot, gab es seinen Freunden und sagte: Nehmt und eßt! Das ist mein Leib, der für euch gegeben wird.

Dann nahm er den Kelch. Er sprach das Dankgebet, gab ihnen den Kelch und sagte: Nehmt und trinkt! Dieser Kelch ist der neue Bund in meinem Blut. So sollt ihr, wenn ihr zusammenkommt, feiern und an mich denken.

Vaterunser, Friedensgruß

Sichtbares Zeichen der Zusammengehörigkeit ist das gemeinsam gesprochene Vaterunser.

Wird das Vaterunser am Ende des Gottesdienstes, nach den Fürbitten, gebetet, so kann an dieser Stelle der Friedensgruß erfolgen.

Vorschlag

Wir alle gehören zur Gemeinde Jesu. Wir alle leben von seiner Liebe. Als Zeichen unserer Gemeinschaft reichen wir einander die Hand und wünschen uns Gottes Frieden.

Mögliche Lieder

Vater unser, Vater im Himmel (EG 188)
Gebt einander ein Zeichen des Friedens (LJ 379)
Gib mir deine Hand (Gemeinde gestaltet Gottesdienst, S.179)
Hewenu schalom alejchem / Wir wünschen Frieden euch allen (EG 433)

Miteinander feiern

Austeilungsworte, Mahlfeier

Vor der Austeilung kann ein Tischgebet gesprochen werden. Die Abendmahlselemente sind für Kinder und Erwachsene gleich. Deshalb wird Traubensaft anstelle von Wein angeboten. Oblaten bieten wenig Anreiz zu sinnlicher Wahrnehmung. Damit das Brotbrechen auch sinnlich wahrgenommen werden kann, empfiehlt es sich, Fladenbrot oder selbstgebackenes Brot zu verwenden.

Die Austeilungsworte sind ein persönlicher Zuspruch, mit dem Brot und Kelch den Abendmahlsgästen gereicht werden. Deshalb ist es sinnvoll, wenn sie beim Weiterreichen von Brot und Kelch wiederholt werden. Bei der Einführung durch die Liturgin/den Liturgen werden sie mit einer Einladung zum Essen und Trinken abgeschlossen.

Vorschlag 1

Wir reichen unseren Nachbarn das Brot und sagen: Das Brot des Lebens. Wir reichen unseren Nachbarn den Kelch und sagen: Der Kelch des Heils. Und nun kommt, denn es ist alles bereit! Schmeckt und seht, wie freundlich der Herr ist!

Vorschlag 2

Wir reichen unseren Nachbarn das Brot und sagen: Friede sei mit dir! Wir reichen unseren Nachbarn den Kelch und sagen: Friede sei mit dir! Und nun kommt, denn es ist alles bereit! Schmeckt und seht, wie freundlich der Herr ist!

Mögliche Lieder

Er ist das Brot, er ist der Wein (EG 228)
Ich bin das Brot, lade euch ein (EG Württemberg 587)
Jesus Brot, Jesus Wein (MKL 19)

Das Mahl beenden

Das Abendmahl schließt mit einem Dankgebet, eventuell auch mit einem biblischen Votum ab.

Vorschlag

Danket dem Herrn, denn er ist freundlich, und seine Güte währet ewiglich. Amen.

Mögliche Lieder

Tischkanons

Und nach dem Mahl?

Bevor die Abendmahlsfeier mit der Schlußliturgie beendet wird, ist Gelegenheit, noch einmal den Festcharakter des Abendmahls erlebbar werden zu lassen. Dies kann in einem Tanz oder einer Polonaise geschehen. Wo in zwanglosem Rahmen gefeiert wird, etwa im Rahmen eines Gemeindefrühstücks oder auf einer Freizeit, ist an dieser Stelle genügend Raum für gemeinsame Aktivitäten aller Art: Spielen, Basteln, Gespräche, Nachtisch ... Der Übergang zur Schlußliturgie muß in diesem Fall besonders sorgfältig überlegt werden.

Die Feier beschließen

Danken, an andere denken

Vorschlag 1

Guter Gott, wir haben an deinem Tisch gegessen und getrunken.
Wir haben deine freundliche Nähe geschmeckt und gespürt.
Wir danken dir, daß du bei uns bist und uns begleitest.
Wir bitten dich:
Hilf, daß wir einander freundlich begegnen
und deine Liebe weitergeben. Amen.

Vorschlag 2

Guter Gott, manchmal ist es schwer, zu glauben, daß du da bist.
Wir hören dich nicht, wir sehen dich nicht,
und oft tust du nicht, was wir gerne haben möchten.
Trotzdem bist du da!
Wenn wir statt Streit Frieden machen – bist du da.
Wenn wir jemandem eine Freude machen – bist du da.
Wenn wir Abendmahl feiern,
wenn wir Brot essen und aus dem Kelch trinken und dabei an dich denken –
dann bist du da.
Wir danken dir, daß du nicht aufhörst, zu uns zu kommen.
Du läßt uns nicht im Stich. Dafür danken wir. Amen.

Hans-Martin Waltemath

(in: Mit Kindern Abendmahl, S. 175)

Mögliche Lieder

Aus Gottes guten Händen (LJ 478)
Daß du mich einstimmen läßt in deinen Jubel, o Herr (LJ 484)
Du Gott, stützt mich (LJ 501)
Einander brauchen mit Herz und Hand (LJ 371)
Gib uns Ohren, die hören (LJ 534; Gestaltung mit Bewegungen S. 164)
In Gottes Namen wolln wir finden (LJ 398)
Wir wünschen, Herr, daß jedes Kind (MKL 108)

Gottes Segen empfangen

Bevor wir auseinandergehen, stellen wir uns unter Gottes Segen. Der Segen macht deutlich: Gottes Liebe begleitet uns auch weiterhin; was wir im Gottesdienst empfangen haben, wirkt im Alltag weiter.

Vorschlag

Kein Tag soll vergehen, an dem wir sagen müssen:
niemand ist da, der uns liebt.
Kein Tag soll vergehen, an dem wir sagen müssen:
niemand ist da, der uns Mut macht zum Leben.
Kein Tag soll vergehen, an dem wir sagen müssen:
niemand ist da, der uns freundlich begleitet.

Gott segne uns und behüte uns.
Gott lasse sein Angesicht leuchten über uns und sei uns gnädig.
Gott erhebe sein Angesicht auf uns und schenke uns Frieden. Amen.

Mögliche Lieder

Bewahre uns, Gott (EG 171)
Den Segen Gottes sehn (Gemeinde gestaltet Gottesdienst, S. 203)
Der Herr segne dich – (LJ 362)
Komm, Herr, segne uns (EG 170)

Verabschieden

Die GottesdienstteilnehmerInnen werden persönlich verabschiedet.

Ich bringe alles, was mich belastet

Kinderkurs Abendmahl
Dorothee Eisrich

Die hier dargestellte Vorbereitung auf einen Abendmahlsgottesdienst mit Kindern der dritten Schulklasse in unserer Gemeinde bildet die Fortsetzung des Kinderkurses Taufe (s.o. S. 53ff.).

Vier Nachmittage zum Thema: »Ich bin zum Abendmahl eingeladen«

Aus der Fülle von möglichen Aspekten zum Abendmahl habe ich mich für folgende Schwerpunkte entschieden:
- das Abendmahl hat alttestamentliche Wurzeln (Befreiungsgeschichte Israels, Passahmahl);
- das Abendmahl Jesu ist eingebettet in Mahlgemeinschaften, die für das Leben und Wirken Jesu charakteristisch sind;
- das letzte Mahl Jesu mit seinen Jüngern;
- das Zeichen des Abendmahls für uns.

Daraus ergibt sich folgender Aufbau:

Übersicht über den Kursverlauf

1. Thema   **Ein Volk macht sich auf den Weg**
Einstieg   Was wißt ihr schon vom Abendmahl?
biblische Geschichte   Ex 3-12 in Grundzügen
Vertiefung   Würfelspiel zur Geschichte

2. Thema   **Jesus lädt Menschen zum Essen ein**
Einstieg   Bild von René Casaro »Invitation«
                          Wer gehört an Jesu Tisch?
biblische Geschichte   Lk 19,1-10; Lk 14,15-24; Mk 6,30-44
Vertiefung   Collage herstellen: Wer ist bei Jesus eingeladen?

3. Thema   **Das letzte Mahl Jesu**
Einstieg   Brezeln essen

| biblische Geschichte | Lk 22,14-23 |
| Vertiefung | Gesichter, Kelche, Brotlaibe gestalten |

4. Thema   **Das Zeichen des Abendmahls für uns**

Einstieg	Abendmahlsgeräte aus der Kirche anschauen
biblische Geschichte	Einführung in den Abendmahlsgottesdienst
Vertiefung	Abendmahlsbrot backen

1. Kursnachmittag: Ein Volk macht sich auf den Weg

Eine ausführliche Gesprächsrunde bildet den Einstieg: Was wißt ihr schon vom Abendmahl? Was, denkt ihr, bedeutet es? Wie wird es gefeiert?
Die Leiterin erzählt mit Hilfe von Sprechzeichnungen die Situation des Volkes Israel in Ägypten und wie es zum Passahmahl kam.
Nach der Pause spielen die Kinder in Viergruppen ein Würfelspiel zur Geschichte (einfaches Spielfeld mit Frage- und Ereigniskarten zur Geschichte). Wir lernen das Lied »Wenn das rote Meer grüne Welle hat« (ML 46).

2. Kursnachmittag: Jesus lädt Menschen zum Essen ein

Das Bild »Invitation« von René Casaro wird gezeigt (Abendmahlspersiflage mit Filmidolen, die statt der Jünger mit Jesus am Tisch sitzen). Die Kinder erkennen ihre Idole wieder und spüren die Provokation, die in diesem Bild liegt. Die Frage wird diskutiert: Wer gehört eigentlich beim Abendmahl dazu?
Die Leiterin erzählt Geschichten, wen Jesus zum Essen eingeladen hat: Zachäus, ausgerechnet den ungerechten und unsympathischen Typ (Lk 19,1-10); alle sind eingeladen zum großen Gastmahl, aber manche verpassen es (Lk 14,15-24); alle sollen satt werden, auch wenn wir uns das kaum vorstellen können (Mk 6,30-44).
Nach der Pause stellen die Kinder in selbstgewählten Gruppen eine Collage her. Sie gestalten darauf den Abendmahlstisch und wählen aus, welche Personen an diesem Tisch versammelt sein sollten. Die Collagen werden später im Gottesdienst ausgehängt.

3. Kursnachmittag: Das letzte Mahl Jesu

Die Leiterin verteit Salzbrezeln an alle und erzählt, daß Jesus mit seinen Jüngern bei seinem letzten Mahl auch so zusammensaß. Die Kinder schlüpfen beim Essen und Erzählen unmerklich in die Rolle der Jünger. Die Leiterin spielt die Rolle Jesu und sagt unvermittelt: »Einer von euch wird mich verraten.« Brot- und Kelchwort mit den entsprechenden Gesten werden ebenso spielerisch eingeführt und erklärt.

Wir lernen miteinander das Abendmahlslied: Kommt mit Gaben und Lobgesang (EG 229).

Nach der Pause malt die Leiterin einen großen Tisch und schreibt die Namen der Kinder ringsum. Jedes Kind soll einen roten Pfeil von seinem Namen zu dem eines anderen Kindes malen, dem es sich nahe fühlt und einen blauen Pfeil zu dem Kind, das ihm eher fremd ist. Die Sympathien und Antipathien, die die Kinder untereinander sehr deutlich spüren, kommen ans Licht. Die Frage wird gestellt: Haben wir wirklich Gemeinschaft untereinander? Gibt es nicht auch Trennendes?

Gesichter werden aus Papier ausgeschnitten, das Trennende und Verbindende kann noch einmal darauf geschrieben werden. Nähert man zwei Profile einander an, entsteht zwischen ihnen die Form eines Kelches.

Brot und Kelch werden malerisch gestaltet.

4. Kursnachmittag: Das Zeichen des Abendmahls für uns

Die Abendmahlsgeräte aus der Kirche werden ausgepackt und angeschaut. Die glitzernden Geräte machen deutlich: Das Abendmahl war den Menschen schon früher etwas Heiliges. Die Leiterin erzählt, wie das Abendmahl in einem Gottesdienst heute gefeiert wird, und bereitet die Kinder auf den Ablauf ihres ersten Abendmahlsgottesdienstes vor.

Die Kinder backen nun das Abendmahlsbrot für ihren Gottesdienst selbst.

Familiengottesdienst mit Abendmahl

Lieder ansingen

Orgelvorspiel

Lied *Tut mir auf die schöne Pforte (EG 166,1-4)*

Eingangswort / Begrüßung

Psalm 36

Eingangsgebet – Stilles Gebet

Aus ganz verschiedenen Lebenssituationen
kommen wir heute zu dir,
Gott der Lebendigkeit.
Kinder und Erwachsene,
Zuversichtliche und Traurige,
alle stehen wir nun vor dir.
Wir müssen gestehen,

daß du im Alltag oft weit weg von uns bist,
wenn wir beschäftigt sind mit so vielem.
Wir haben es oft aus den Augen verloren,
daß du die Quelle des Lebens bist,
daß du uns alle zu einem erfüllten Leben führen willst.
Wir sind in manchem bequem geworden,
abgestumpft vor den Sorgen anderer,
resigniert, daß vieles auch anders sein könnte.
Wir bitten dich: erbarme dich.
Laß uns heute wieder erfahren,
wie gut es uns tut, deine Nähe zu spüren,
wie gelassen und zuversichtlich wir sein können,
wenn wir uns getragen wissen von dir.
Nimm uns wieder in deinen Bund,
die Kinder und ihre Eltern,
uns alle als deine Gemeinde,
dein sichtbarer Leib auf dieser Welt.
Wir wollen weiterbeten in der Stille,
miteinander und füreinander.
Stille
Wenn ich dich anrufe,
so erhörst du mich und gibst meiner Seele große Kraft.
Amen.

Schriftlesung *Lk 14,15-24*

aus der Neukirchner Kinder-Bibel gelesen von Eltern oder Paten

Lied *Hevenu shalom alejchem (EG 433)*

Ansprache

Liebe Kinder und Eltern, liebe Gemeinde,
warum laden wir eigentlich immer wieder zum Abendmahl ein? Was bedeutet es für uns, hier in der Kirche Brot und Wein miteinander zu teilen und uns an das letzte Abendmahl Jesu zu erinnern? Ist es einfach Tradition? Oder ist es mehr: eine Sehnsucht nach etwas, das uns wirklich satt macht und unseren Hunger und Durst nach Leben stillt?
Ihr Kinder habt eine Collage gemacht, wie ihr euch heute einen Abendmahlstisch vorstellt. Nicht trockenes Brot, sondern Kuchen und Dickmanns sind bei euch auf dem Tisch und jede Menge leckere Würstchen. Statt der Jünger habt ihr gutaussehende Stars und Königin Silvia im langen Abendkleid um den Tisch gesetzt, und natürlich auch Boris Becker und leichtbekleidete Frauen. Es ist eure Sehnsucht nach Leben, die sich in diesen Bildern ausdrückt, nach Ausprobieren, nach Genuß und Konsum, und die Sehnsucht, selbst einmal jemand Bedeutendes zu sein.

Brot des Lebens, Sehnsucht nach Leben, was ist das bei uns Erwachsenen? Wir Erwachsenen haben uns oft unsere Sehnsüchte und Wünsche abgeschminkt. Bei uns steht anderes im Vordergrund: wir müssen arbeiten, Geld verdienen, für die Kinder sorgen. Wir müssen funktionieren, Dinge erledigen, damit der Alltag weitergehen kann. Und doch spüren wir manchmal: Es muß doch mehr geben als das, das kann doch nicht schon alles sein.

Abendmahl feiern heißt für mich: sich erinnern an das wirkliche Leben mitten im falschen (D. Sölle). Wir haben uns daran gewöhnt, daß jeder zuerst nur an sich selbst denkt und an seine Familie. Jemand von euch hat sich sogar seinen eigenen Abendmahlstisch gemacht und nur seine eigenen Lieblingsgäste darum versammelt. Wir haben uns daran gewöhnt, daß viele andere Menschen nicht mehr Reichtum für uns bedeuten, Herausforderung und Glück. Sie sind für uns eher eine Beeinträchtigung oder Konkurrenz. Wir haben uns daran gewöhnt, daß an manchen Hauswänden hier in Waiblingen ein Schild steht: Ballspielen verboten, weil wir keine Kinder brauchen können, die sich bewegen und Lärm machen. Wir haben uns daran gewöhnt, daß wir unterscheiden zwischen wichtigen, hochstehenden Persönlichkeiten und unwichtigen, einfachen Menschen, zwischen nützlichen Steuerzahlern und den Kostenverursachern.

Woran uns die Bibel mit ihren vielen Befreiungsgeschichten immer wieder neu erinnert, ist, mitten in diesem falschen Leben aufzubrechen und das wirkliche Leben zu suchen, das uns allen verheißen ist. Auch Jesus wurde nicht müde, in immer neuen Geschichten von einem anderen Leben zu erzählen, das wir verpassen, wenn wir immer nur arbeiten und weiterfunktionieren. Die Geschichte vom großen Gastmahl ist ein eindrückliches Beispiel dafür. Zu einem Fest will Gott uns einladen, zu einer Gemeinschaft, in der die Nähe Gottes mit Händen zu greifen ist, in der Frieden und Gerechtigkeit uns alle umschließt. Und ich befürchte: wir sind die, die leider nicht dazukommen, weil wir nicht aufhören können, unsere Ochsen zu zählen und auf unseren Besitz zu achten. Wir merken es oft gar nicht mehr, daß es auch anderes gibt als unsere eingefahrenen Kategorien; daß wir zwar leben und arbeiten, uns aber um das Fest des Lebens bringen.

Erinnerung an das wirkliche Leben mitten im falschen – das ist für mich darum das Abendmahl. Wir haben es nötig, mitten in unserem Leben, in unserem Alltag immer wieder zu feiern: es gibt eine Gemeinschaft, in der alle Menschen gleich wichtig sind, Kinder und Erwachsene, Starke und Schwache. Es gibt eine Kraft, die uns stärkt und verbindet, wenn unsere eigene Kraft und Hoffnung ausgeht. Es gibt eine Quelle der Gerechtigkeit, die auch heute nicht versiegt, sondern zu der wir eingeladen sind. Gott gibt ein Fest, und alle sollen kommen. Kommt nun herbei, versäumt das Festmahl nicht. Amen.

Lied   *Gott gibt ein Fest (EG Württemberg 586, 1-2, LJ 386)*

Kinder bringen Symbole zum Altar

1. Kind *hält das Brot in der Hand*

Ich bringe das Brot. Wir haben es selbst gebacken. Christus sagt: Nehmt es und teilt es miteinander. Ich will mitten unter euch sein und euch stärken.

2. Kind *hält das Brot in der Hand*

Jesus sagt: Ich bin das Brot des Lebens. Wer zu mir kommt, wird nie mehr hungrig sein.

3. Kind *hält das Brot in der Hand*

Mit diesem Brot stärken wir die Hoffnung auf eine Welt, in der wir alle miteinander leben können: Kinder und Eltern, Reiche und Arme, Vornehme und Einfache. So einfach wie das Brot, so notwendig wie die einfachsten Nahrungsmittel brauchen wir solche Zeichen der Hoffnung.

4. Kind *hält den Kelch in der Hand*

Ich bringe den Kelch mit dem Saft der Trauben, ein Zeichen des Festes und der Freude. Christus sagt: gebt ihn weiter und trinkt alle davon.

5. Kind *hält den Kelch in der Hand*

Jesus sagt: mit diesem Kelch ist ein neuer Bund gegründet, ein Zeichen, daß die Liebe stärker ist als der Tod und daß es Versöhnung gibt.

6. Kind *hält den Kelch in der Hand*

Wie die Körner, einst verstreut in den Feldern,
und die Beeren, einst zerstreut auf den Bergen,
jetzt auf diesem Tisch vereint sind,
so laß dein ganzes Volk bald vereint sein
von den Enden der Erde in deinem Reich.

(nach einem Gebet von Christian Zippert, aus: Heidi Rosenstock und Hanne Köhler, Du Gott, Freundin der Menschen, Kreuz Verlag, Stuttgart 4. Aufl. 1998.)

7. Kind *trägt einen Rucksack, legt ihn vor dem Altar ab*

Ich bringe alles, was mich belastet, alles, wovor ich Angst habe, und alles, was mich bedrückt. Hier ist ein Ort, wo ich das alles ablegen kann.

8. Kind *hält eine Taufkerze*

Ich bringe eine Taufkerze. Wir alle sind zum Abendmahl eingeladen. Auch wir Kinder. Gottes Liebe schließt uns alle ein.

Lied *Kommt mit Gaben und Lobgesang (EG 229, 1-3)*

Einsetzungsworte

Austeilung des Abendmahls

So sind wir nun eingeladen, das Abendmahl miteinander zu feiern.

Aufgrund der räumlichen Gegebenheiten haben wir zweimal hintereinander jeweils einen großen Kreis um den Altar gebildet. Das Abendmahl haben wir einander weitergereicht mit den Worten: Nehmt und eßt, Christus ist mitten unter uns. Nehmt und trinkt und habt teil an Gottes Barmherzigkeit Zum Entlaßwort haben wir uns an den Händen gefaßt.

Dank- und Fürbittengebet, Vaterunser

Liturgin:
Barmherziger Gott,
wir waren Gäste an deinem Tisch.
Du hast uns gestärkt und schenkst uns Hoffnung,
weit über unser Verstehen hinaus.
Wir danken dir dafür.
Kind:
Unser Gott,
wir danken dir für alle Freude,
für jedes Lachen und für jede glückliche Stunde.
Du willst uns behüten und bewahren.
Dafür danken wir dir.
Erwachsene(r):
Gott, wir bitten dich um Geduld füreinander.
Laß uns sehen,
wo wir auch in unserem Alltag miteinander teilen können:
unsere Zeit, unsere Kraft,
unsere Gedanken und Fragen und unsere Gefühle.
Laß uns erfahren,
daß immer da,
wo wir für andere da sind,
deine Nähe spürbar wird.
Liturgin:
Gemeinsam beten wir: Vater unser ...

Lied *Nun danket alle Gott (EG 321, 1-3)*

Abkündigungen – Segen – Orgelnachspiel

Gott gibt uns Rechte

Mahlgottesdienst zum Abschluß
des Kinderkurses Abendmahl
Günter Teichgraeber

Praxisbericht

In der Dietrich-Bonhoeffer-Gemeinde in Waiblingen werden die Kinder, die im Frühjahr beim Fest der Taufe und Tauferinnerung (s.o. S. 62ff.) teilgenommen haben, im September, also am Anfang des vierten Schuljahrs, zum Kinderkurs Abendmahl eingeladen. Wieder bereiten wir uns vier Wochen auf den festlichen Familiengottesdienst mit der Mahlfeier vor.

Elemente und Medien

Wesentliches Element des hier beschriebenen Kurses ist das Lied »Gott gibt uns Rechte« (Text vom Verfasser nach der Melodie »Lobet den Herren« EG 447). Ihm liegen die »Zehn Kinderrechte, von Kindern für Kinder erklärt« (Weltmission 91, Evangelisches Missionswerk, Hamburg 1991) zugrunde.

Zehn Kinderrechte, von Kindern für Kinder erklärt

- Kein Kind darf benachteiligt werden, nur weil es angeblich anders ist. Jungen und Mädchen müssen gleich behandelt werden. Das gilt auch für Kinder mit verschiedenen Hautfarben, Sprachen oder für Kinder, die etwas anderes glauben als Du.
- Behinderte Kinder sind besondere Kinder. Darum brauchen sie auch besondere Sachen, wie Rollstühle oder Pflege. Genau das sollen sie auch bekommen.
- Damit Kinder wirklich gut leben können, müssen sie geliebt werden und jemand muß sich um sie kümmern. Am besten wäre es, wenn das die Eltern sind.
- Jedes Kind braucht einen Vor- und einen Nachnamen, damit es nicht verwechselt wird und immer wiedergefunden werden kann. Damit man weiß, wo es hingehört, braucht es auch ein Heimatland.
- Alle Kinder auf dieser Welt sollen leben können. Dazu brauchen sie mindestens eine Wohnung, genug Essen, sauberes Wasser, Kleidung

und Medizin, wenn sie krank sind. Alle Erwachsenen müssen ihnen das geben.
- Jedes Kind muß zur Schule gehen können. Es braucht Zeit, sich zu erholen und Platz für seine Spiele.
- Jedes Kind soll das bekommen, was es zum Wachsen und für seine Gesundheit braucht. Dazu gehört auch eine saubere Umwelt und das gilt für die ganze Welt.
- Es gibt so viel Schreckliches auf der Welt, zum Beispiel Kriege, Erdbeben, Hungersnöte und Überschwemmungen. Weil Kinder noch hilfloser sind als Erwachsene, muß ihnen als erstes geholfen werden.
- Alle Kinder müssen vor Gemeinheiten beschützt werden, ganz egal, ob sie von ihren Eltern verprügelt werden, oder ob sie jemand zwingt, schwer zu arbeiten. So etwas darf erst gar nicht passieren.
- Alle Kinder sollen ernst genommen werden und sich auf ein glückliches Leben freuen können.

(Zehn Kinderrechte, von Kindern für Kinder erklärt, in: Weltmission 91, Evangelisches Missionswerk, Hamburg 1991.)

Lied *Danke für alle guten Gaben (Text vom Verfasser nach der Melodie: Danke für diesen guten Morgen (EG 334)*

Danke für alle guten Gaben, danke für unser täglich Brot!
Danke, denn alles, was wir haben, kommt von dir, o Gott!
Jesus wollte uns reich beschenken, als er das Brot mit Freunden brach.
Wir heut dürfen auch an ihn denken tun wir es ihm nach!
Daß wir mit ihm verbunden bleiben, gibt er zum Brot uns auch den Wein.
Jedes soll an demselben Leibe Teil des Ganzen sein.
Denkt dran: so sehr wie diese Gaben unter uns lebenswichtig sind,
alle die Liebe nötig haben, Mann, Frau oder Kind.
Danke – wenn wir mit andern Freuden teilen, so nimmt die Freude zu,
Danke – die mitgeteilten Leiden, die erleichterst du!
Bitte, hilf du uns weitergeben, bitte, die Liebe, auch mit Geld,
bitte, denn du, Gott, willst das Leben für die ganze Welt.

Darstellung des Kursverlaufs

1. Kursnachmittag

Äpfel mit am Stiel befestigten kleinen Zetteln, auf denen je eines der Zehn Kinderrechte steht, werden im Haus oder rund ums Haus ausgelegt. Die Kinder suchen sie und lesen die Texte.
Die Kinderrechte werden in dem Liedtext »Gott gibt uns Rechte« wiedergefunden. Wir singen das Lied und besprechen es, besonders die Strophe 10. Kinder wählen sich ein oder zwei Motive, die sie auf (Ton-)Papier malen wollen. Diese sollen bei der Mahlfeier als Tischschmuck dienen.

2. Kursnachmittag

Wir betrachten das Misereor-Hungertuch aus Haiti von Jacques Chéry (zu beziehen über Misereor, Aachen) und beschreiben seinen Inhalt.
Die Kinder malen ihr Bild zum Lied »Gott gibt uns Rechte« weiter und schreiben kurze Tischgebete auf.

3. Kursnachmittag

Kinder säen Weizengras in Blumentöpfe.
Eine Geschichte zum Motiv Brotbacken wird erzählt, z. B. H.A. Mertens, Brot in deiner Hand oder R. Krenzer, Selbstgebackenes Brot.

4. Kursnachmittag

Wir hören die MC »Fünf Brote und zwei Fische – Kinderbeatmesse« (tvd-Verlag, Düsseldorf o.J.). Die darin von den Kindern vorgetragenen Bitten und Wünsche regen die Kinder an, ihre eigenen, ähnlichen Bitten aufzuschreiben. Ergänzend wird vom letzten Mahl Jesu erzählt.
Der Verlauf des Gottesdienstes wird besprochen.

In unserem Gemeindehaus ist es möglich, Sitzgruppen zu stellen mit je etwa zwölf Stühlen, die bogenförmig um sechs bis sieben Tische angeordnet sind. Nach dem Gottesdienst bleiben die Familien zum Mittagessen im Gemeindesaal.
Die niedrigen Tische werden von den Kindern für den Gottesdienst geschmückt mit Bildern, die sie auf Papier oder auf Bänder gemalt haben, und mit dem Blumentopf, in dem Weizengras grünt, das sie während des Kurses in der vorletzten Woche, eingesät haben. Am Tag zuvor helfen die Kinder im Gemeindehaus, Fladenbrote zu backen. Auf Keramiktellern werden sie im Verlauf der Feier von den Kindern an die Gruppentische verteilt. Mütter oder Väter holen die Gruppenkelche.

Ablauf des Gottesdienstes

Orgelvorspiel, Gruß, Lied, Psalm, Gebet und Lesung

Ansprache

Die Bibel erzählt, daß Gott sich die Welt ausgedacht hat als einen großen, schönen Garten. Bäche und Flüsse machen das Land fruchtbar, Tiere und Menschen haben Platz genug zum Leben. An den Bäumen hängen Früchte, an denen wir uns satt essen können. Und wir Menschen fühlen uns darin zu Hause, weil wir Gott vertrauen können. Von Gott kommt für uns die Erlaubnis zu leben, und nur an einem will er uns hindern: daß wir ohne Gott und gegeneinander leben.

Es wäre alles gut, wenn es in der Welt nicht immer wieder irgendwoher die Angst geben würde, die »nein« sagt: nein, Gott ist nicht gut, Gott gönnt euch nicht alles, das Beste will er nur für sich selbst. Diese Stimme wispert überall, die Bibel vergleicht sie mit einer Schlange, die Angst macht vor Gott, der alles mögliche verbietet.

Wirklich kommt es Kindern oft so vor, als gäbe es für sie viel mehr Verbote als Erlaubnisse... Jesus hat sich darüber geärgert, daß wir Erwachsene Kindern ständig etwas in den Weg legen. Er wollte die Welt wieder als den Garten Gottes öffnen, in dem es viel mehr Erlaubnisse gibt als Verbote, und in dem das Leben Menschen und anderen Geschöpfen Freude macht.

Vor kurzem habt ihr solche Äpfel aufgelesen, schön wie Früchte aus dem Garten Gottes. Jeder Apfel sollte uns sagen: du bist berechtigt zu leben, und du hast Rechte als Kind und als Mensch. An seinem Stiel hängt ein Blatt, auf dem etwas geschrieben steht von den Kinder – und Menschenrechten, die Gott uns gibt.

Die Kinder holen die Äpfel vom Altartisch und verteilen sie auf die Tische der einzelnen Sitzgruppen. Kinder lesen »Kinderrechte« vor, die auf Zetteln mit einer bestimmten Farbe stehen.

Ich denke an Carlos, einen achtjährigen Jungen. Er lebt am Stadtrand von Bogota in Südamerika. Sein Vater hat ihn oft geschlagen, vor allem dann, wenn er betrunken war. Carlos ist davongelaufen. Nun schläft er nachts unter den Brücken der Stadt. Er durchwühlt die Mülltonnen nach etwas Eßbarem. Mit anderen versucht er, Arbeit zu finden, aber selten hat er Glück. Oder ich denke an den neunjährigen Akhtar aus Bangladesh, der nie eine Schule besuchen durfte und nicht lesen, schreiben oder rechnen kann. Zehn Stunden am Tag arbeitet er bei einem Teppichweber mit 14 anderen Jungen in einem dunklen Raum und bekommt 30 Pfennig Lohn an einem Tag. Aufseher achten darauf, daß sie nicht zu viele Pausen machen.

Was den Kindern angetan wird, das widerspricht den Rechten Gottes. Jesus möchte, daß einmal auch Carlos und Akhtar zu ihren Rechten kommen. Ihr habt Bilder gemalt von dem, was wir brauchen: Bett, Tisch, Kindergarten, Schule ...

Lied *Gott gibt uns Rechte (nach der Melodie Lobet den Herren – EG 447)*

1. Gott gibt uns Rechte,
wie's ein jeder möchte,
Kindern vor allem, Frauen, Männern, Alten,
daß wir uns helfen, gut die Welt gestalten:
Gott gibt uns Rechte.

2. Wie wir am Leben,
das uns Gott gegeben,
uns freuen dürfen, zeigt Jesus an Kindern;
zu ihm zu kommen, soll sie niemand hindern.
Sie haben Rechte.

3. Sorgt, daß die Kleinen
nicht vor Hunger weinen!
Vor der Gemeinheit soll man sie beschützen,
zu schwerer Arbeit niemand sie benützen.
Achtet die Rechte!

Günter Teichgraeber

Kinder lesen »Kinderrechte« vor, auf den Zetteln einer anderen Farbe.

Ich denke an Alma, ein kleines Mädchen aus Bosnien. Ihre Heimat ist ein
schön gelegenes Dorf. Da haben Menschen zufrieden miteinander gelebt –
bis der Krieg kam, der Lärm der Geschütze, das Weinen über die zerstörten
Häuser, das Leiden der Verwundeten, die Klage über die Toten. Alma ist ein
Flüchtlingskind in Deutschland, und sie hat viel Angst. Was wird sie in ihrer
Heimat erwarten, wenn sie dorthin zurückkehrt?
Oder wir denken an Swetlana aus der Nähe von Tschernobyl. Dort haben die
Atomstrahlen viele Menschen gesundheitlich schwer geschädigt. Ihre Freundin
war schon einmal zu Ferien in Deutschland. Swetlana ist krank. Sie fragt:
womit habe ich das verdient? Wenn sie an Gott denkt, soll sie wissen: Gott hat
ihr uns, allen Kindern auf der Erde das Recht zugedacht, aufzuwachsen ohne
solch schwere Gefahren und ohne Gift in der Nahrung. Mit denen, die darunter leiden, ist Gott verbündet gegen alles, was sie leiden macht.
Ihr habt Bilder gemalt: ein Krankenhaus, einen Rollstuhl, gesunde Früchte,
eine Kirche ...

Lied *Gott gibt uns Rechte (nach der Melodie Lobet den Herren – EG 447)*

4. Kriege verbreiten
Angst und bittre Leiden.
Da müssen Wunden schnell gelindert werden.
Gott will die Kranken heilen von Beschwerden,
gibt ihnen Rechte.

5. Laßt uns beim Essen
Danken nicht vergessen,
weil wir als Menschen Leben nicht beginnen.
Auch den Vierbeinern, Pflanzen, Vögeln, Spinnen
schenkte Gott Rechte.

6. Lebenslang lernen
sollten alle gerne,
sich selber fragen: lohnen unsre Ziele,
haben wir Zeit genug für Fest und Spiele,
für Gottes Rechte?

Günter Teichgraeber

Kinder lesen »Kinderrechte« vor, auf den Zetteln einer weiteren Farbe.

Ich habe das Gebet eines Kindes gelesen, ich weiß nicht, wie das Kind heißt, ich weiß nicht, in welchem Land es wohnt:

Gebet eines Kindes

Die Erwachsenen bitten um so viele Dinge. Alles, worum ich dich bitte, Gott, ist nur, zuzuhören. Denn niemand hört mir zu, niemand kennt meine Leiden. Jeden Morgen, bevor ich zur Schule gehe, muß ich Wasser holen aus einem entfernten Brunnen. Am Abend helfe ich meiner Mutter beim Waschen, ich bin das älteste von fünf Kindern. Am Ende des Schuljahrs stehe ich schlecht da. Meine Mutter sagt: Du mußt arm bleiben, wenn du die Prüfung nicht schaffst. Aber wie soll ich mich konzentrieren, wenn ich kein Frühstück zu essen hatte, wenn mein Magen leer ist. Wenn ich zu müde bin, um zu verstehen, was der Lehrer erklärt?
Gott, hör mir zu! Du weißt, daß ich nicht faul bin, wie meine Mutter mir sagt. Du weißt es besser. Hör auf das Weinen der Kinder, die beschimpft und sogar mißhandelt werden. Gib, daß es meiner Mutter besser geht!

So sagt dieses Kind seine Wünsche. Das Mädchen hat ein Recht darauf, zu sagen, was es so dringend nötig hat. Einem Menschen kann sie das alles kaum sagen, die haben selber ihre Sorgen. Sie sagt Gott ihre Wünsche und sie hat ein Recht dazu. Ich kenne nicht ihren Namen, Gott kennt ihn. Gott wohnt tief im Herzen dieses Kindes. Gott kennt seine Rechte, und von Gott kennt sie eigentlich auch jedes Menschenkind, so ungefähr, wie wir jetzt davon singen:

Lied   *Gott gibt uns Rechte (nach der Melodie Lobet den Herren – EG 447)*

7. Wozu bekamen
wir denn unsre Namen,
als daß einander wir uns rufen können
frei und wie Freunde, statt uns feindlich trennen?!
Namen sind Rechte.

8. Daß nicht gelogen
wird, niemand betrogen,
wir schon von klein auf Ehrlichkeit erfahren.
Irren ist menschlich – auf der Spur des Wahren
gibt Gott uns Rechte.

9. Wünsche sich sagen
darf man, sich beklagen,
wie wir verzeihen, um Verzeihung bitten,
gemeinsam fassen Mut zu neuen Schritten,
zu Menschen-Rechten.

Günter Teichgraeber

Ja, verzeihen und um Verzeihung bitten, das ist kein geringes Recht von Gott her. Gerade wenn wir Brot und Saft der Trauben teilen, dürfen wir's in Anspruch nehmen.

Als ich Anfang des Jahres zu unserem Kinderkurs Abendmahl eingeladen habe, hörte ich, daß es auch Eltern gab, die sagten: Er kann uns doch nicht zwingen! Nein, gewiß nicht, aber ein Recht habt ihr, auch ihr mit neun und zehn Jahren, mit uns Erwachsenen das Mahl Jesu zu feiern. Jesus ist bei uns und vergibt uns, wie wir einander vergeben können. Gott gibt uns die guten Gaben, die wir miteinander teilen.

Lied *Gott gibt uns Rechte*
(nach der Melodie Lobet den Herren – EG 447)

10. Von seiner Gnade
sind wir eingeladen.
Jesus ist bei uns, die wir an ihn glauben,
unter uns teilen Brot und Saft der Trauben
und Gottes Rechte.

11. Wenn wir aufstehen,
auseinander gehen,
laß uns im Alltag zueinander finden,
Gott, und mit vielen andern uns verbünden
durch Deine Rechte!

Jesus hat mit seinen Freunden, mit den Männern, Frauen und Kindern oft Speise und Trank geteilt, am liebsten mit Leuten, die hungrig waren, die verachtet wurden und Trost brauchten.

Hier wird die Geschichte von H.A. Mertens Brot in deiner Hand aus dem 3. Kursnachmittag noch einmal erzählt.

Viele haben es ihm übel genommen, daß er den Rechtlosen so viel Rechte gab. Als Jesus deshalb sterben mußte, sagte er: Seht ein Weizenkorn an! Wenn man's für sich behält, bleibt's allein, nur wenn's in der Erde untergeht und stirbt, kann's aufgehen. Es wird keimen, Halm und Ähre hervorbringen. Ihr habt's getan, ihr habt vor zehn Tagen Weizenkörner gesät. Und nun sehen wir's vor uns: Euer kleiner Kornacker grünt! Ihr habt damit die Tische geschmückt.

Lied *Korn aus der Erde wecken*
(nach der Melodie Nun laßt uns Gott dem Herren – EG 320)

bevor die Kinder die Brote vom Altar bringen

1. Korn aus der Erde wecken
kannst du nur, Gott – den Segen
in unsre Hände legen;
im Brot laß ihn uns schmecken!

Bevor Mütter oder Väter die Becher mit Traubensaft vom Altar bringen

2. Den Bund im Saft der Trauben,
die in der Sonne reifen,
schenk, mehr als wir begreifen,
Herr Jesu, unserm Glauben!

Bevor die Einsetzungsworte gesprochen werden

3. Dein Geist will uns verbinden,
wenn wir die Gaben teilen.
Vergebung wird uns heilen,
läßt neue Freunde finden.

Günter Teichgraeber

Einsetzungsworte

Am Abend, bevor er starb, nahm Jesus das Brot, dankte dafür, zerbrach es,
gab es seinen Freundinnen und Freunden und sagte: Nehmt es, so bin ich,
für euch gegeben. Teilt weiter das Brot unter euch – ihr lebt davon.
Dann nahm er auch den Kelch, dankte dafür, reichte ihn seinen Freundinnen
und Freunden, und sagte: Nehmt und trinkt alle daraus, damit umschließt
uns der Bund, für den ich sterbe: Vergebung und Friede. Trinkt weiter von
der Frucht des Weinstocks und denkt an mich!
Laßt uns miteinander tun nach seinem Versprechen!

Mahl in Sitzgruppen

Die Fladenbrote haben wir gestern mit den Kindern zusammen gebacken.
Wer in der Gruppe außen sitzt, nimmt das Brot vom Teller, bricht sich ein
Stück ab und gibt das Brot weiter. Wenn Sie wünschen, können Sie nach
dem Trinken das Tuch auf dem Tisch zum Reinigen des Becherrandes benutzen. Nach dem Essen und Trinken können wir uns an den Händen
fassen und sagen: »Wir danken Dir, Gott, denn Du bist freundlich, und
Deine Güte währet ewiglich.«

Gebet

Gott, wir möchten Dir danken für diesen festlichen Gottesdienst.
Wir danken Dir dafür,
daß wir Menschen haben,
mit denen wir unsere Freude teilen können:
Eltern, Geschwister, Freunde und Verwandte.
Menschen, die uns trösten können, wenn wir traurig sind,
die uns helfen, wenn es uns nicht gut geht.
In ihrer Liebe spüren wir auch Deine Nähe.
Wir danken Dir dafür, Jesus,
daß Du das Brot und die Frucht des Weinstocks

zu Zeichen Deiner Liebe bestimmt hast.
Wir wollen uns immer wieder daran erinnern
und Deine Zeichen wahrnehmen.
Wir denken an die Kinder und Erwachsenen,
die niemals oder selten an einen gedeckten Tisch eingeladen werden!

Kinder tragen ihre Bitten und Wünsche vor, z. B.:

Ich wünsche mir,
daß alle Kinder auf der Welt was zu essen haben;
Ich wünsche mir,
daß alle Kinder in die Schule gehen können, überall auf der Welt;
Ich wünsche mir,
daß es nicht so viele Kriege gibt;
Ich wünsche mir,
daß alle Menschen ein Dach über dem Kopf haben;
Ich wünsche mir,
daß jeder an Gott glaubt;
Ich wünsche mir,
daß alle Kinder etwas zum Anziehen haben ...

Du wirst nicht alle unsere Wünsche erfüllen,
aber du hast jedem von uns viel versprochen,
du hast uns Rechte gegeben als Menschen,
als deinen Kindern.
Hilf, daß wir dafür eintreten!

Vater unser

Lied der Kinder   *Was wir brauchen (LJ 622)*

Was wir brauchen, *(Hände als Schale vor uns)*
gibt uns Gott: *(Arme nach oben)*
Fröhlichkeit *(drei Takte klatschen)*
und täglich Brot *(Tischflächen aus ausgestreckten Handflächen bilden)*

Lied   *Bewahre uns, Gott (EG 171)*

Segen

Das schönste Brot von Salem

Kinderbibeltage und Familiengottesdienst zur Einführung des Abendmahls mit Kindern

Gabriele Arnold, Angelika Heimerl, Monika Renninger

Kinderbibeltage

Dieser Familiengottesdienst mit Abendmahl steht am Ende der Kinderbibeltage, mit denen in einer Stuttgarter Kirchengemeinde das Abendmahl mit Kindern eingeführt wurde.

Die Konzeption dieser Tage orientiert sich an einem alten Kirchengebet: »Wie aus vielen Körnern das Mehl gemahlen und ein Brot daraus gebacken wird, und wie aus vielen Beeren zusammengekeltert Wein und Trank fließt, so laß uns in diesem Mahl ein Leib und Brot und Trank werden, daß wir uns einander schenken und hingeben.« (EG Württemberg S. 454) Aus diesem Gebet ergeben sich die Motive der drei Vormittage ›Korn‹, ›Sauerteig‹ und ›Brot‹, die zum Gottesdienst im Motiv ›Mahl‹ zusammenlaufen.

Unter dem Thema »Das schönste Brot von Salem, oder: Wie Avi backen lernte« sollen die Kinder mit der Bedeutung des Abendmahls vertraut gemacht werden. Unterschiedliche biblische Geschichten sind dazu als szeneische Darstellungen ausgearbeitet und in eine Rahmenerzählung eingebettet, die eine Identifikationsfigur für die Kinder bietet: Avi lernt bei seiner Tante auf dem Dorf backen.

Für die Pappkulissen lassen sich Kartons verwenden, die mit getönter Wandfarbe bemalt an Flachdachhäuser erinnern. Ein Papp-Brunnen mit Tonkrügen sorgt für eine Art Dorfkulisse. Daneben wird mit einem großen Strohhaufen samt selbstangefertigten Holzrechen, Sicheln und Sensen ein Ährenfeld eingerichtet. Die Kanzel wird mit einem großen Beduinenzelt verhüllt. Das Grundgerüst dazu ist ein einfaches Partyzelt, das mit vielen bunten Decken und Teppichen verhängt wird, bis es als solches nicht mehr zu erkennen ist. Eine Art Backofen, gefertigt aus einem Gittergeflecht und mit Gips überzogen, vervollständigt die Szenerie.

Die hier gespielten biblischen Geschichten werden mit kreativen Angeboten in altersgemäßen Gruppen zur weiteren Vertiefung unterstützt.

Der Aufbau der Kinderbibeltage sieht dann so aus:

1. Tag Motiv »Korn«

Leitgedanke: Gott sorgt für uns – wir sorgen füreinander mit Gerechtigkeit.
Erzählung von der ährenlesenden Ruth (Ruth 2).
Gestaltung: Körner mahlen.

2. Tag Motiv »Sauerteig«

Leitgedanke: Alles muß klein beginnen – Gott läßt uns wachsen.
Gleichnis vom Sauerteig (Lk 13,20f.).
Gestaltung: Teig kneten.

3. Tag Motiv »Brot«

Leitgedanke: Gott stärkt uns für den Weg – wir lassen uns miteinander stärken.
Erzählung von der Speisung der 5000 (Mk 6,30-44).
Gestaltung: Brot backen.
Rezept für selbstgebackenes Brot: 500 g Roggenmehl, 500 g Weizenmehl,
1 Packung Sauerteig, 1/2 l lauwarmes Wasser, 1 EL Salz. Mehl mischen,
Sauerteig hinzugeben und mit 1/2 l lauwarmem Wasser anrühren. Salz
zugeben und den Teig durchkneten. Zugedeckt an einem warmen Ort gehen lassen. Der Teig muß geschmeidig werden, sich von der Schüssel lösen
und beim Durcharbeiten glucksende Töne geben. Den Teig zu einem Brot
formen und nochmals gehen lassen. Mit Wasser bestreichen. Den Backofen
auf 250 Grad vorheizen, dann auf 200 Grad zurückschalten und das Brot
50 bis 60 Minuten backen (Petra Schmid).

Gottesdienst *Motiv »Mahl am Tisch Gottes«*

Leitgedanke: Wir erinnern uns dankend daran, daß Jesus unsere Gemeinschaft mit Gott und untereinander stiftet.
Einsetzungsworte erzählen und feiern (Lk 22,19f.).

Ablauf des Gottesdienstes

Orgelvorspiel mit Einzug und Erntetanz der Kinder
*Die Kinder bringen das selbstgebackene Brot, ihre Erntegaben und die Erntegeräte aus
dem szenischen Spiel zur Ruthgeschichte zum Altar. Das Brot wird auf den Altar gelegt.*

Erntetanz-Lied *Tanzen wir den Erntetanz*
(Rolf Krenzer, Das große Liederbuch, Limburg 1988, Nr. 112)
begleitet von Rhythmusinstrumenten

Votum und Begrüßung
Wir feiern diesen Gottesdienst
im Namen Gottes, der uns erschaffen hat,

im Namen Jesu, der uns lehrt, Mensch zu sein,
im Namen des Heiligen Geistes, der uns hilft, Gemeinde zu werden.
Amen.

Willkommen Euch und Ihnen allen an diesem Sonntag zum Erntedankfest.
Am Erntedankfest sagen wir Gott danke für alles, was wir zum Leben haben, und wir sagen danke dafür, daß Gott uns liebt und für uns sorgt. Das tun wir mit Liedern, Gebeten, Gedanken, mit Tänzen, Instrumenten und auch mit dem Mahl, das wir als ganze Gemeinde heute miteinander feiern. Jede und jeder soll wissen: Ich gehöre dazu, ich bin eingeladen an Gottes Tisch. Im Abendmahl, im Zeichen von Brot und dem Saft von Trauben wollen wir spüren und schmecken, daß Gott bei uns sein will, heute und alle Tage.
Dazu haben wir unser Brot, das wir gestern gebacken haben, mitgebracht. Nachher werden viele Menschen von diesem Brot essen. Alte und Junge, Fröhliche und Traurige, Gesunde und Kranke. Wir werden es vom Altar nehmen und verteilen. Dann wird es nicht mehr nur unser Brot sein, sondern Brot, das die Menschen von Gott bekommen. Wenn unser Brot vom Altar verteilt wird, ist es besonderes Brot, Brot von Gott, das Traurige fröhlich und Ängstliche mutig macht. Dieses Brot kann den Menschen helfen.
Und so sagen wir miteinander am Beginn dieses Gottesdienstes:
Danket dem Herrn, denn er ist freundlich und seine Güte währet ewiglich.
Amen.

Lied   *Herr, ich werfe meine Freude wie Vögel an den Himmel (LJ 554)*

Psalmgebet nach Psalm 104   *Du gibst das Brot (FrHerz S. 57)*

gesprochen von Kindern

Stille – Ehr sei dem Vater

Ansprache

Liebe Erwachsene,
die Kinder waren in den vergangenen drei Tagen beieinander zu den Kinderbibeltagen. Deshalb wissen sie schon, warum sich unsere Kirche hier so verändert hat. Denn so sieht sie ja sonst nicht aus: mit einem Zelt statt einer Kanzel, mit einem Ähren- und Strohhaufen vor dem Altar und einem biblischen Dorf mit Häusern, Backofen und Brunnen rund um den Taufstein. Aber so kann sie eben auch aussehen, unsere Kirche, wenn wir uns nicht nur mit unseren Gedanken und im Herzen an die Erzählungen der Bibel erinnern, sondern auch mit unseren Augen, mit unseren Nasen und Händen.
Aus der Kanzel ist ein Erzählzelt geworden. Das ist eigentlich eine ganz passende Verwandlung. Denn die Gotteserfahrungen, die die Bibel festhält und weitergibt, sind in Geschichten und Erzählungen aufbewahrt, damit sie in unserer Erinnerung lebendig werden können. Auch die Ährengarbe hat vor dem Altar einen ganz guten Ort: Sie erinnert uns daran, daß Jesus von

sich als dem Brot des Lebens spricht. Und das Dorf Salem, Friede, rund um den Taufstein, könnte keinen besseren Platz finden, versammeln wir uns doch als Christengemeinde, in der wir durch die Taufe verbunden sind, auch über die Grenzen der Konfessionen hinweg.

Hier, zwischen Erzählzelt, Ährengarbe und dem Dorf Salem haben wir Gottesgeschichten aus der Bibel erzählt und nachgespielt: Wir haben gehört aus dem Buch Ruth, das Gleichnis vom Sauerteig und die Erzählung von der Speisung der Vielen. Dabei sind wir immer wieder auf einen Gedanken gestoßen, der uns begleitet hat. Es ist ein Lebens-Satz zum Weitergeben, zum Hören, zum Spüren und Schmecken, zum Nachahmen. Er heißt: Gott sorgt für uns, und deshalb können wir für andere sorgen.

Gott sorgt für uns: Das hat, so bekennen wir in unserem Glaubensbekenntnis, seinen tiefsten Ausdruck darin gefunden, daß Gott sich als »für uns« erwies in Jesus Christus. In Jesu Leben, Sterben und Auferstehen, so sagen wir, erfahren wir Gottes Für-uns-Sorgen. Was kann das, verbunden mit den Geschichten, die wir die letzten Tage erzählt haben, bedeuten?

Gott sorgt für uns. Das heißt: Wir lassen uns leiten von dem, wie Gott für uns sorgt, wenn wir danach fragen, wie wir leben und handeln sollen, welchen Geboten und Weisungen wir in unserem Leben Geltung verschaffen. Aus dem Buch Ruth hören wir von dem Recht der Bedürftigen, Ähren zu lesen auf den Feldern. Das ist ein Beispiel, an das wir uns, geleitet von Gottes Für-uns-Sorgen, erinnern, wenn wir nach dem rechten Tun fragen.

Gott sorgt für uns. Das heißt: Gott sorgt auch dann für uns, wenn wir verzagt und mutlos vor allzu großen Aufgaben und Herausforderungen stehen. Ob die Welt durch das, was ich tun kann und wie ich bin, anders wird? Ob das bißchen, was von mir kommt, irgendetwas nützt? Ja, sagt das Gleichnis vom Sauerteig. Dein kleines bißchen genügt, wenn du anfängst, für andere zu sorgen, denn dann wirst du erfahren, daß es genügend andere gibt, die mit dir anfangen.

Gott sorgt für uns. Das heißt: Gott sorgt selbst dann für uns, wenn wir uns und anderen und manchmal auch Gott nichts mehr zutrauen. Dann sollen wir erfahren: Gott lebt über unsere Verhältnisse. Was Gott schenkt, reicht für alle. Das erleben staunend diejenigen, die sich von zwei Fischen und fünf Broten speisen lassen. Die satt werden von dem, was sich teilen läßt. Die Speisung der Vielen ist ein Wunder des Für-uns-Sorgen Gottes, das wir heute so nötig brauchen wie die Menschen damals. Wir brauchen ein Wunder, dessen Geheimnis im Teilen liegt, das von dem Dank an Gott ausgeht.

Gott sorgt für uns, deshalb können wir für andere sorgen: Das ist ein Lebens-Satz, den wir behalten sollen – staunend, dankend, eigene Schritte darin suchend. Gerade am Erntedankfest wollen wir dieses Für-uns-Sorgen Gottes dankbar festhalten – damit wir ermutigt das Für-andere-Sorgen entdecken.

Gott sorgt für uns, das sollen wir spüren und schmecken in dem Mahl an Gottes Tisch, das wir miteinander feiern: Da lassen wir uns von Gott, der für uns ist, beschenken und stärken, damit wir uns so beschenkt und gestärkt auf den Weg machen können, in unser Leben und für andere in unserem

Leben. In einem alten Kirchengebet zum Abendmahl heißt es: »Wie aus vielen Körnern das Mehl gemahlen und ein Brot daraus gebacken wird, und wie aus vielen Beeren zusammengekeltert Wein und Trank fließt, so laß uns in diesem Mahl ein Leib und Brot und Trank werden, daß wir uns einander schenken und hingeben« (EG Württemberg S. 454). Amen.

Aktion

Von Gottes Für-uns-Sorgen erzählt uns der Psalm 104 in wunderbaren Bildern. Die Kinder haben sich davon anregen lassen und Bilder dazu gemalt. Wir möchten Ihnen diese Bilder schenken.

Die Bilder der Kinder hängen als Farbkopien auf Postkartenformat verkleinert auf zwei langen Wäscheleinen, die an der Kirchenwand befestigt sind. Die Kinder nehmen die Postkarten ab und verschenkten sie den GottesdienstteilnehmerInnen.

Lied Wir haben Gottes Spuren festgestellt (EG Württemberg 656, LJ 642)

Glaubensbekenntnis

Einsetzungsworte

Das schönste Brot von Salem: Gestern haben wir es gebacken und heute hier auf den Altar gelegt. Nun wollen wir es miteinander teilen und dabei an Jesus denken. So wie Jesus damals Brot und Wein mit seinen Freundinnen und Freunden geteilt hat, als er Abschied von ihnen feierte. Seine Freundinnen und Freunde spüren: Das, was Jesus tut, ist etwas Besonderes. Sie hören auf, darüber zu streiten, wer neben ihm sitzen darf. Jesus wäscht ihnen allen die Füße. Er spricht das Dankgebet. Er nimmt das Brot, schaut es an, dann dankt er Gott dafür, segnet es und bricht es für sie auseinander.
Wir teilen das Brot und denken dabei an Jesus. Jesus, der die Menschen lieb gehabt hat. Jesus, der den Menschen Mut gemacht hat. Jesus, der uns gezeigt hat: Gott sorgt für uns.
Wir teilen das Brot und denken dabei an das, was Jesus von Gott erzählt hat: Daß eines Tages, am Ende der Zeiten, Gott ein großes Fest geben wird und alle sind eingeladen und teilen Brot und Wein.
Wir teilen das Brot und denken dabei an Jesus, der für uns gestorben ist. Alles, was uns weh tut, wofür wir uns schämen, was uns leid tut, kann wieder gut werden. Jesus vergibt uns. Er macht unsere Herzen frei und weit.
Wir teilen das Brot und den Wein und erleben dabei: Wir gehören zusammen. Große und Kleine, Kinder und Erwachsene, Alte und Junge, Gesunde und Kranke. Wir alle sind Gottes Kinder und gehören zusammen wie Geschwister.
Wir teilen das Brot und den Wein und erinnern uns an Jesus, der das Brot nahm, Gott dankte, es in Stücke brach, an seine Jüngerinnen und Jünger weitergab und sagte: Nehmt und eßt das. Das ist mein Leib, der für euch gegeben wird. Tut das immer wieder und erinnert euch an mich.

Und dann nahm Jesus den Wein, dankte Gott, gab den Wein seinen Jüngerinnen und Jüngern und sagte: Nehmt und trinkt den Wein und erinnert euch an mich. Dieser Wein ist ein Zeichen, daß euch eure Schuld vergeben ist und ihr frei leben könnt.

Einladung zum Friedensgruß

Lied *Kommt mit Gaben und Lobgesang (EG 229)*

Dabei kommen die Kinder und MitarbeiterInnen zu einem großen Halbkreis um den Altar zusammen. Schön, wenn das Lied mit Rhythmusinstrumenten begleitet wird.

Gebet zum Abendmahl

Austeilung

Kinder und MitarbeiterInnen bilden den ersten Kreis, danach kommt die weitere Gemeinde in Gruppen nach vorne. Währenddessen wird gesungen.

Lied *Laudate omnes gentes (EG 181.6)*

Dank- und Fürbittengebet und Vaterunser

Lied *Laudato si (EG 515)*

Abkündigungen

Lied *Fröhlich, fröhlich ist das Volk*
(Die Fontäne in blau, Stuttgart 1994, S. 109)

Dabei ziehen die Kinder mit Rhythmusinstrumenten durch die Kirche und holen die GottesdienstteilnehmerInnen aus den Bänken, bis alle in einem großen Kreis stehen.

Segen

Orgelnachspiel

Heilen, teilen, miteinander leben

Abendmahlsfeier aus der offenen Behindertenarbeit
Philipp Neßling

Musikalisches Vorspiel

Kerzenritual zur Eröffnung (s. S. 88f.)

Besinnung

Das ist gut.
Gott ist da, wo wir sind.
Ich bin in guten Händen.
Ich bin beschützt.
Ich bin gut versorgt.
Ich bin geborgen.

Psalm 23

Gemeinsam sprechen wir:
Der Herr ist mein Hirte ...

Lied *Du hast uns deine Welt geschenkt. Du schenkst uns das Leben
(LJ 502 Text variiert)*

*Wir singen das Lied mit unsrem ganzen Leib – nicht nur mit der Stimme!
Wir breiten unsere Arme weit aus und nehmen die Welt hinein.*

Du hast uns Deine Welt geschenkt

Wir verbinden uns untereinander mit den Händen und wiegen uns hin und her.

Du schenkst uns das Leben.
Du hast uns Deine Welt geschenkt.

Wir erheben unsere Hände mit ausgestreckten Armen.

Herr, wir danken Dir.

*Wir können uns auch zum Reigentanz in Kreisen anfassen und uns singend um den
Altar und im Kirchenraum bewegen. So können alle sich beteiligen, in der einen
oder anderen Form mit dem ganzen Leib.*

Besinnung

In der Kirche, in der wir unseren Gottesdienst feiern, ist der Altar ein runder, beweglicher Tisch. Er steht auf gleicher Ebene mit den Stühlen. Auf dem Tisch in unserer Mitte (Altar) stehen bereit: Körbe mit den Broten, der Krug mit Wein (Saft) und die Becher. Wir nehmen gerne Fladenbrote, damit wir von ganzen Broten brechen können. Die Brote backen wir vor dem Gottesdienst leicht auf, so daß sie duften. Damit das Abbrechen erleichtert ist, sind die Brotkrusten häufig eingeschnitten, ohne die Brote ganz durchzuteilen.

Auf dem Tisch sind die Brote bereitet und der Wein (Saft). Brot – davon leben wir. Alle Menschen brauchen Brot. »Unser täglich Brot gib uns heute ...« Brot ist Leben. Brot – das ist alles, was wir brauchen zum Leben, unser Essen und Trinken, unsere Kleidung, die Wohnung, unser Zuhause und besonders die Nähe und Wärme der Menschen, Liebe und Freundlichkeit. Danach sind wir hungrig. Und der Wein steht auf dem Tisch, wir sind durstig. Süßer Wein: Saft von Trauben. Wir sind durstig nach der Freude im Leben. Wir freuen uns über diese Gaben hier im Gottesdienst. Und wir feiern sie jetzt, das Brot und den Wein. Wir tragen sie herum, bringen sie bei allen vorbei, alle sollen sie sehen und riechen können.

In einer Prozession werden Brot und Wein umhergetragen und am Ende wieder auf den Tisch gestellt.

Dabei singen wir:

Lied   *Du hast uns Deine Welt geschenkt, das Brot und den Wein ...
(LJ 502 Text variiert) und weiter*

Lied   *Ein jeder braucht sein Brot, sein' Wein ... (MKL 69)*

Besinnung

Jetzt sitzen wir alle wie eine große Tischgemeinschaft um den Gabentisch herum. Jesus sitzt mit am Tisch. »Wo zwei oder drei in meinem Namen versammelt sind, da bin ich mitten unter ihnen.« (Mt 18,20) Das gilt. Wir singen die Worte Jesu. So prägen sie sich uns ein.

Lied   *Wo zwei oder drei (LJ 470)*

Ich bin euch nahe in den ganz alltäglichen Dingen des Lebens. Brot und Saft sind auf dem Tisch. Wir werden das Brot teilen. Menschen, die einander Brot reichen, die stärken sich zum Leben. Wir tun das im Alltag oft: Wir reichen einander Brot. Wer dem anderen Brot reicht, der gibt etwas von sich zum Leben. Und Jesus nahm das Brot, sprach das Dankgebet, brach das Brot, gab es seinen Jüngern. »Nehmt und eßt, das ist mein Leib, für euch gegeben. Tut dies zu meinem Gedächtnis.« Und Jesus sagt: Wenn ihr das Brot teilt, dann bin ich dabei, dann verbinde ich mich mit euch. Ich selbst bin für euch Lebensbrot. Und wenn ihr das Brot gebt, dann gebt ihr Leben von mir weiter. Und tut es

142

bewußt: ich gebe dir Lebensbrot. Und tut es direkt und persönlich: Schaut euch dabei an und sprecht euch beim Namen an: »Brot des Lebens für dich, Erika.« Unser tägliches Brot wird zum Brot des Lebens. Wir empfangen es und geben es einander weiter: »Brot des Lebens für dich.«

Während wir das Brot teilen und essen, hören wir die Melodie: »Heilen, teilen, ...« und dann singen wir: »Heilen, teilen, miteinander leben in der einen Welt ...«

Lied *Heilen, teilen, miteinander leben in der einen Welt (... damit wir gemeinsam feiern können, Düsseldorf 1993, S. 65)*

Text: P. Kluge; Musik: Detlev Jöcker

(aus: Damit wir gemeinsam feiern können, Presseverband der Ev. Kirche im Rheinland e.V., Düsseldorf.)

Und hier steht der Wein (Saft).

Wenn wir Wein teilen, dann wünschen wir uns damit Freundschaft, Freude, Gesundheit, Leben: ›Le chajim‹, Prost, Santée, Gesundheit. Wer dem anderen Wein reicht, der gibt etwas von sich zum Leben.

Jesus sagt: Wenn ihr den Wein teilt, dann verbinde ich mich mit euch; ich bringe euch die Freundschaft Gottes, ich gebe euch Anteil am Frieden Gottes. Und Jesus nahm den Kelch, sprach das Dankgebet und sprach dann: »Trinkt alle daraus. Dieser Kelch ist das Blut des Neuen Bundes, das für euch und für viele vergossen wird zur Vergebung der Sünden. Tut das zu meinem Gedächtnis.«

Gebt euch die Freundlichkeit Gottes gegenseitig weiter! Teilt den Frieden Gottes aus! Tut es bewußt: Friede sei mit dir! Und tut es direkt und persönlich: Schaut euch dabei an, sprecht euch beim Namen an: »Friede sei mit dir, Erika!«

Der Saft »unser tägliches Getränk« wird zum Trank der Versöhnung mit Gott und zum Trank der Freundschaft und des Friedens untereinander. Wenn wir einander den Kelch reichen, sprechen wir uns das zu: »Friede sei mit dir.«

Das tut uns gut: Wir empfangen Brot des Lebens und den Trank der Freundschaft und des Friedens. Diese Gedanken machen wir stark in uns. Wir singen:

Lied *Heilen, teilen, miteinander leben in der einen Welt*

Vergegenwärtigende Handlung Segenskreis

Miteinander leben – einander nahekommen – einander berühren und halten. Geht aufeinander zu.

Steht in Kreisen zu 5 Personen zusammen! Eine Person tritt in die Mitte. Die anderen legen ihr die Hände von allen Seiten im Schulterbereich auf. So ist sie gut gehalten. Sie kann jetzt die Augen schließen. Die anderen bewegen sie behutsam hin und her zur Melodie des Liedes.

Lied *(Refrain aus Liederheft für den Kindergottesdienst 1, Dortmund 1994, A 22)*

Von allen Seiten umgibst Du mich, oh Herr,
mit Händen, die mich halten.
Dir sei Lob, Preis und Ehr.

alternativ **Lied**

Von allen Seiten umgibst Du mich,
und hältst deine Hand über mir.

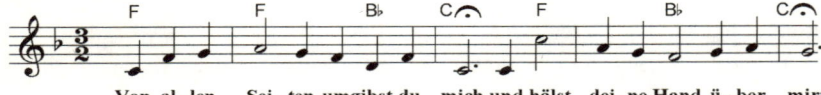

Melodie: Ernst Richter

alternativ **Lied** *Gottes Hand hält uns fest (MKL 12).*

Nacheinander gehen alle einmal in die Mitte. Für jede Person singen wir die Strophe einmal und summen sie noch einmal.

144

Fürbittengebet

Was wir jetzt miteinander erlebt und gefeiert haben, das soll für alle Menschen gelten: einander nahekommen, Brot des Lebens und Trank des Friedens teilen, einander berühren und halten. Darum bitten wir. Wir beten, indem wir gemeinsam singen:

Liedstrophe   *Wir wünschen, Herr, daß jedes Kind (MKL 108,1)*

Wir empfinden, wie wir miteinander verbunden sind. Wir zeigen uns diese Verbundenheit: Wir legen einander die Hände nachbarschaftlich auf die Schultern. So wird der Wunsch in uns stark, daß jeder Mensch auf der Welt Freunde hat.

Liedstrophe   *Wir wünschen, Herr, daß jeder Mensch (MKL 108,2)*

Unsere offenen Hände reichen wir einander zum Gruß. Die freien und offenen Hände sind Zeichen des Friedens. Wir reichen sie nach links und rechts unseren Nachbarn und Nachbarinnen. Das Band des Friedens soll die ganze Welt umschließen. Wir wünschen, Herr, daß jedes Volk auf der Welt Frieden hat.

Liedstrophe   *Wir wünschen, Herr, daß jedes Volk (MKL 108,3)*

Vater unser

Dabei fassen wir uns an den Händen.

Segen

Wir haben unser Leben gefeiert. Jetzt gehen wir wieder auseinander. Jede und jeder den eigenen Weg. Es ist uns nicht versprochen, daß das Leben leicht ist. Aber wir wissen, was wir erhoffen und einander gewähren können: Wir können einander nahekommen – Gott ist uns nahe. Wir legen einander die Hände auf Schulter oder Kopf, so wie wir nebeneinander sitzen. Jetzt spüren wir Nähe, Wärme und Halt. Und wir sprechen einander den Segen zu.

Die einzelnen Sätze werden vorgesprochen und von allen wiederholt.

Gott segnet dich und behütet dich.
Gott läßt sein Angesicht leuchten über dir
und ist dir gnädig.
Gott sieht dich freundlich an
und schenkt dir Frieden.

Lied   *Bewahre uns Gott (EG 171,1)*

Gott lädt uns ein – wir kommen an seinem Tisch zusammen

Ein Festgottesdienst für Menschen mit geistiger Behinderung

Hartmut Otto

Der vorliegende Gottesdienstentwurf entstand anläßlich einer Konfirmation von vier geistig behinderten Jugendlichen, jungen Erwachsenen im Alter zwischen sechzehn und dreiundzwanzig Jahren in den Mariaberger Heimen Gammertingen. Die vier KonfirmandInnen können sich verbal kaum artikulieren, wohl aber körperlich und emotional, suchen Nähe und wenden physische Gewalt an, sind leicht lenkbar und starrköpfig, vielseitig nach außen interessiert und in sich gekehrt. Als BegleiterInnen sind dabei: eine Sonderschullehrerin und der Mariaberger Pfarrer.

Ein dreiviertel Jahr kommen wir in der Kirche zum Konfirmationsunterricht zusammen, wöchentlich eine ganze Stunde. Durch die Heimsituation sind uns die KonfirmandInnen und ihr Umfeld bekannt. Wir entdecken eine zunächst unscheinbare Gemeinsamkeit: Wir alle essen und trinken gern. So stoßen wir auf das Thema der Konfirmation und damit des ganzen Konfirmandenunterrichts: »Gott lädt uns ein – wir kommen an seinem Tisch zusammen.«

Alle Unterrichtsstunden haben den gleichen äußeren Rahmen; das kehrt im Gottesdienst wieder. Jede Stunde bearbeitet ein Element der Konfirmation. Dabei wird das Umfeld der KonfirmandInnen mit einbezogen: Wohngruppe, Schulklasse und, sofern möglich, die Familie.

Die Kirche ist ein bekannter und gewohnter Ort. Dort sind die Schul- und Sonntagsgottesdienste. Orgel und Lautsprecheranlage erweisen sich als sehr attraktiv; beide werden im Unterricht und im Konfirmations-Gottesdienst von uns allen benutzt, um eine ungewöhnliche Zwischenmusik zu gestalten, ein undeutlich artikuliertes Gebet hörbar und verstehbar zu machen.

Taufe, damit auch Konfirmation, und Abendmahl sind für uns Gottes menschenfreundliche Einladung, die Leistungen weder fordern noch zur Bedingung machen. Gott lädt ein, und dann geschieht sein Handeln sichtbar an uns. Dafür ist die Einladung an seinen Tisch das überzeugende Bild.

Die Heimatgemeinden der KonfirmandInnen sind eingeladen. Zwei von ihnen kommen und überbringen Grüße und ein Geschenk. Eine Gemeinde schickt einen Posaunenchor, der den Stehempfang musikalisch umrahmt. Zwei Gemeinden lassen, auch später, nichts von sich hören ...

146

Der Gottesdienst zur Konfirmation

Glockengeläut, Instrumentalmusik mit Einzug der KonfirmandInnen

Begrüßung

LiturgIn:
Herzlich willkommen im Namen Gottes. Herzlich willkommen Euch und Ihnen allen. So begrüßt ein Gastgeber alle, die seiner Einladung gefolgt sind. Und wahrscheinlich freut sich Gott so wie wir, daß wir beieinander sind. Er freut sich mit uns.
Ein besonderer, ein besonders festlicher Tag ist heute, der Tag der Konfirmation. Und darum ein besonderer Gruß den vier wichtigsten Gästen des heutigen Festtages: Achim, Eva, Kerstin und Michael.

Gemeindelied   *Nun danket all und bringet Ehr (EG 322,1.5.6)*

Vorstellung der KonfirmandInnen mit dem Anfangslied des Unterrichts

Wir kommen in die Kirche

Verfasser unbekannt

Gebet

Guter Gott,
jetzt hat der Festtag begonnen.
Du hast uns eingeladen.
Und du bist ganz für uns da.
Niemand braucht jetzt Angst zu haben,
denn du bist bei uns als unser Freund.
Wir sind deine Gäste.
Danke für deine Einladung. Amen.

Aktion   *Tisch decken*

Ein leerer runder Tisch und Stühle für die KonfirmandInnen und ihre BegleiterInnen stehen im Chorraum. Die KonfirmandInnen sitzen noch etwas abseits davon. Die

Mesnerin bringt Taufkanne und -schale, begrüßt alle KonfirmandInnen und ihre BegleiterInnen mit Namen. MitbewohnerInnen und SchulkameradInnen bringen alles Nötige, um den Tisch zu decken. Der/Die LiturgIn begleitet die Aktion verbal. Dabei werden Worte aus Psalm 23, aber auch andere Bibelworte, die die KonfirmandInnen im Unterricht kennengelernt haben, aufgegriffen.

- *Tischtuch* Wir können es mit den Augen wahrnehmen, können sehen, daß Gott uns einlädt: ›Du bereitest vor mir einen Tisch‹ (Ps 23,5).
- *Kerzen* Kerzen spenden Licht und Wärme. Sie helfen uns, einen guten Weg zu finden: ›Dein Wort ist ein Licht auf meinem Weg‹ (Ps 119,5).
- *Blumenstrauß* So bunt und vielfältig sind wir Menschen. So bunt und vielfältig sind auch unsere KonfirmandInnen: ›Seht die Blumen auf dem Feld‹ (Mt 6,28).
- *Servietten mit Namen* Wenn Gott uns zu seinem Fest einlädt, ist jeder Einzelne wichtig. ›Ich habe dich bei deinem Namen gerufen‹ (Jes 43,1).
- *Teller und Trinkbecher* Es gibt für jede/n genug zu Essen und zu Trinken. ›Du schenkst mir voll ein‹ (Ps 23,5).
- *Bunte Steine als Tischschmuck* »Es gibt in Gottes Schöpfung, auf unserer Erde viele Möglichkeiten, ›um meinen Ort zu schmücken‹ (Jes 60,13).
- *Traubensaft, (selbstgebackenes) Brot, Weintrauben* Jesus erklärt seinen Freunden: ›Ein Brot – so bin ich für Euch; ein Weinstock – so bin ich für Euch.‹ (Joh 6,35; 15,1)

Wir brauchen etwas zum Essen und Trinken, um Kräfte zu haben, um gestärkt zu sein für unseren Lebensweg. Wir essen und trinken miteinander, weil wir miteinander unterwegs sind. Eine/r braucht den anderen, die andere, der Schwächere den Stärkeren. Jede/r hilft, wo sie/er gebraucht wird. Wir teilen, was wir haben.

LehrerInnen bzw. ErzieherInnen bringen die KonfirmandInnen zu ihrem Platz am Tisch. Wir bleiben stehen und sprechen gemeinsam das Tischgebet.

Tischgebet

Alle guten Gaben, alles, was wir haben, kommt, o Gott, von dir, wir danken dir dafür. Amen.

Einsetzungsworte

Der/die LiturgIn spricht, stark vereinfacht, die Einsetzungsworte des Abendmahls.

Jesus sitzt mit seinen Freunden und Freundinnen am Tisch. Er nimmt das Brot, betet und teilt aus. Er nimmt den Traubensaft, betet und teilt aus. ›Wenn ihr das tut, denkt an mich!‹

Gemeindelied zur Austeilung *Du, ich hab hier Brot, zu viel für mich allein (Text und Melodie H. Otto)*

Während die KonfirmandInnen mit ihren BegleiterInnen essen und trinken, singt die Gemeinde. Die KonfirmandInnen reihen sich nach und nach mit der im Chorraum stehenden Orgel und anderen Instrumenten in das Lied und in die Musik ein.

2. Du, ich hab hier Saft, zuviel für mich allein …
3. Du, ich hab viel Zeit, zuviel für mich allein …
4. Du, ich hab hier Licht, zuviel für mich allein …
5. Du, ich hab zwei Hände, zuviel für mich allein …
6. Du, ich hab oft Angst, zuviel für mich allein …

Was kann man nicht alles teilen: Spiele – Garten – Zimmer – Freude – Haus – Auto – Tränen – Wut – Fragen

Oder könnte jemand singen: Du, ich hab zwei Beine, und bin doch ganz allein. Ich will zu dir gehen: Laß uns Freunde sein! Ich geh zu dir – du kommst zu mir. Ich will mit dir teilen: Laß uns Freunde sein!

Oder ein anderer: Du, ich hab noch Zeit – und du bist ganz allein. Ich will mit dir teilen: Laß uns Freunde sein! Ich komm zu dir – du öffnest mir. Ich will mit dir teilen: Laß uns Freunde sein!

Oder noch ganz, ganz, ganz überraschend anders … Wir können noch viel miteinander teilen, einander teilen …

Text und Melodie: H. Otto

Ansprache zu Konfirmation und Abendmahl

Liebe Eva, liebe Kerstin, lieber Achim, lieber Michael,
liebe Freundinnen und Freunde dieser Vier!

Ich habe hier einen Rucksack. Den brauchen wir morgen, wenn wir unseren Konfirmationsausflug machen. Wir fahren mit dem Bus zum Bodensee. Dann steigen wir auf ein Schiff und lassen uns auf dem Wasser nach Konstanz bringen. Wir werden den ganzen Tag unterwegs sein. Deshalb müssen wir eine Menge Dinge mitnehmen. Ich habe sie schon einmal in einen Korb gepackt. Hoffentlich habe ich nichts Wichtiges vergessen! Mit Euch zusammen möchte ich nachsehen, ob ich an alles gedacht habe.

Jetzt wird im Gespräch überprüft, ob alles Wichtige im Korb ist. Dabei werden genannt: etwas zum Essen (ein kleines Brot), etwas zum Trinken (eine kleine Flasche Saft), Taschentücher, Sonnenhut, Regenjacke, Taschenmesser, Rettungsring, Geldbeutel, Schmusetier, Spazierstock, Pflaster, Fotoapparat (»und ein Film!«), Kissen, Fernglas, Schokolade und, zu guter Letzt, der Rucksack. Jetzt liegt alles ausgepackt neben dem Korb.

So viele Sachen! Aber ich will doch nur diesen kleinen Rucksack mitnehmen! Da paßt gar nicht alles hinein! Jetzt muß ich mir genau überlegen: Was muß ich unbedingt mitnehmen? Was brauche ich auf alle Fälle? Und was kann ich zur Not auch daheim lassen?

Es werden vier ›unbedingt nötige‹ Sachen genannt. Für den Fortgang der Ansprache ist Improvisationsvermögen gefragt – denn was ›unbedingt nötig‹ ist, wird durch die Äußerungen der GottesdienstteilnehmerInnen und KonfirmandInnen bestimmt! Genannt wurden: Saft, Schmusetier, Taschentücher, Brot.
LiturgIn geht zum Abendmahlstisch.

Zwei der ›unbedingt nötigen‹ Dinge sehe ich hier auf dem Tisch, auf unsrem Festtagstisch, an den Gott uns einlädt: Brot zum Essen und Saft zum Trinken. Beides brauchen wir nicht nur für den Ausflug morgen, sondern für unser ganzes Leben, für jeden einzelnen Tag, für unseren Lebensweg. Jesus hat Brot und Saft mit seinen Jüngern geteilt: ›Wenn ihr eßt und trinkt, denkt an mich!‹ Gott lädt uns ein an seinen Tisch und sorgt dafür, daß wir das haben, was wir zum Leben ›unbedingt‹ brauchen.
Die anderen beiden Dinge, die Ihr genannt habt, Schmusetier und Taschentücher, liegen nicht auf dem Tisch. Aber hier sitzen bei Euch Konfirmandinnen und Konfirmanden gute Freundinnen und Freunde, von denen wir wissen: wenn Ihr traurig sind, wenn Euch die Tränen kommen, dann sind sie ganz nah. Dann nehmen sie Euch in die Arme, dann könnt Ihr ruhig von Herzen weinen, dann wischen sie euch die Tränen ab und bleiben bei Euch, bis es Euch wieder besser geht.
Dasselbe will Gott auch anbieten, wenn er uns an seinen Tisch einlädt: Ihr könnt und sollt essen und trinken; ich bin bei Euch alle Tage. Ihr könnt mit eurem Kummer und Euren Tränen zu mir kommen; ich will Euch trösten, wie Euch der beste Freund, die beste Freundin tröstet. Was für ein wundervolles Fest!

Lied *Lobet den Herren, alle die ihn ehren (EG 447,1.3.6)*

Einladung zum Abendmahl

»Gott gibt ein Fest, und alle sollen kommen. Wer da erscheint, ist gern geseh'ner Gast« (EG Württemberg 586). Alle sind eingeladen, für alle reicht das, was Gott uns anbietet. Wir wollen mit Euch und Ihnen alles teilen, weil Gott uns alle zum Fest des Lebens eingeladt. Darum kommen wir jetzt zu Euch, damit Ihr mit uns essen und trinken könnt.

Austeilung des Abendmahls an alle durch KonfirmandInnen, ihre BegleiterInnen, MitbewohnerInnen, KlassenkameradInnen, dazu verhaltene Musik, die überleitet zur Einsegnung

Einsegnung

KonfirmandInnen und LiturgIn stehen im Kreis. LiturgIn legt jedem/r Konfirmand/in die Hände auf.

N.N., der Gott der Liebe segnet und behütet dich.
Er begleitet dich auf deinem Lebensweg.
Er macht dich zu einem Segen für viele.
Friede sei mit dir. Amen.

Gemeindelied   *Lobet den Herren, alle, die ihn ehren (EG 447, 7.8)*

Konfirmationssprüche

Jeweils ein/e Erzieher/in gratuliert mit einer Rose. Die Eltern, sofern anwesend, setzen sich zu ihrem Kind in den Chorraum. Die Lehrerin liest die Konfirmationssprüche vor und überreicht sie.

Gebet

Gott, dir sagen wir ›Danke!‹
Danke, daß du bei uns bist und bei uns bleibst,
Danke für alle Menschen, die uns begleiten,
Danke für diesen Gottesdienst,
Danke für alles, was wir zum Leben brauchen.
Laß diesen Tag weiter gut verlaufen,
beschütze uns und alle anderen Menschen,
behüte deine ganze Erde.

Vaterunser

Lied   *Komm, Herr, segne uns (EG 170,1)*

Segen

Alle reichen sich die Hand – durch die ganze Kirche.

Orgelnachspiel mit Auszug der Konfirmierten

mit BegleiterInnen, Eltern, FreundInnen, MitbewohnerInnen

Der Festtag wird fortgesetzt mit einem Stehempfang auf dem Platz vor der Kirche. Daran schließt sich ein gemeinsames Mittagessen an. Am Nachmittag feiern die Konfirmierten individuell mit ihren Bezugspersonen.
Der Tag schließt am Spätnachmittag mit einer – kurzen – Feier in der Kirche. Dabei wird 1 Könige 19,3-8 erzählt und frei in unsere Zeit und in die Welt der vier Konfirmierten übertragen und an den Gottesdienst und das Abendmahl, ans miteinander Essen und Trinken erinnert. Den Abschluß bilden Gebet, Segen und Abschied nehmen ...

Brot und Trauben

Familiengottesdienst zum Erntedank
auf dem Weg zum Abendmahl mit Kindern
Monika Renninger

Vorüberlegungen

Der Gottesdienst wurde mit vorbereitet von den Eltern und PatInnen eines Täuflings, der fünfjährigen Bianca. Außer ihr wurden eine Neunjährige und ein kleines Baby getauft. Der besonderer Kasus – Erntedank – bot eine Verknüpfung von Taufe / Tauferinnerung und Agape-Mahlfeier an. Die Jungscharkinder hatten die Erzählung von der Kindersegnung als Spielszene vorbereitet, die sehr eindrücklich wirkte und die oft gehörten Worte neu erleben ließ. Für die Gemeinde erfahrbar wurde die Feier der Gemeinschaft mit Gott in der Taufe und am Tisch des Herrn nicht nur in dem Geschehen um den Taufstein herum mit vielen Kindern und Erwachsenen, sondern auch im Austeilen eines Rosinenbrotes. Da eine für die Beteiligung von Kindern offene Abendmahlsfeier in dieser Gemeinde bisher noch nicht möglich war, rücken die im Rosinenbrot verwendeten Symbole Brot und Trauben die Agape-Mahlfeier in den Bezugsrahmen des Mahls, das unsere Gemeinschaft stiftet: die Erinnerung an Jesus.

Ablauf des Gottesdienstes

Orgelvorspiel

Votum und Begrüßung

Eingangslied *Jeden Morgen gießt du von neuem (LJ 573)*

Psalmgebet nach Psalm 104 *Du gibst das Brot (FrHrz 57)*
gesprochen von Kindern

Stille – Ehr sei dem Vater

Taufansprache

Die Taufansprache entfaltet folgende Leitgedanken:
Du bist du, du hast einen eigenen Namen.

Du gehörst zu den Menschen, die dich lieben, davon erzählt dein Familienname.
Du bist Gottes Kind, das sagen wir bei deiner Taufe.

Spielszenen zur Schriftlesung *Mk 10,13-16*

Der Text wird in Abschnitten von einem Erzähler gelesen und von einer szenischen Umsetzung begleitet. Die Jungscharkinder hatten zu dem Text eine Spielszene entwickelt, in der die Jünger ballspielende und tobende Kinder und deren Mütter zurechtweisen. Einfache Kulissen deuten Flachdachhäuser an, ein Brunnen ist zu sehen. Die Pappkulissen sind mit getönter Wandfarbe bemalt. Der Brunnen war einmal ein Waschmaschinenkarton. Die Mitspielenden tragen schlichte Gewänder aus Tüchern, die in T-Form – Öffnung für den Kopf nicht vergessen – zusammengenäht sind und mit einem Schnurgürtel zusammengehalten werden. Als Requisiten genügen zwei Bälle, mit denen die »Kinder« spielen und ein paar Tonkrüge, die die »Frauen« auf dem Weg zum Brunnen tragen. Ein sehr energischer Jesus schimpft mit den Jüngern, als sie die Kinder zurückweisen, und lädt die Kinder zu sich ein mit den Worten: »Ihr dürft ruhig auch mal Krach machen. Aber jetzt kommt her, ich erzähle euch eine Geschichte.«

Tauflied *Gott, der du alles Leben schufst (EG 211)*

Schriftlesung *Taufbefehl Mt 28,18-20*

Glaubensbekenntnis

Tauffragen an Eltern und PatInnen

Taufe

Tauferinnerungskerzen

Alle Kinder haben ihre Tauferinnerungskerzen mitgebracht oder haben eine kleine Kerze beim Hereinkommen erhalten. Wir bitten bei Taufen die Eltern oder PatInnen, die Tauferinnerungskerze für den Täufling selbst zu gestalten. Um dieses zu erleichtern, bringen wir beim Taufbesuch sowohl ein Vorlagenblatt mit möglichen Motiven mit, das ein begabter Mensch aus unserer Gemeinde entworfen hat, als auch ein buntes Sortiment Wachsplatten, die zum Schmücken der Kerze verwendet werden. Die Eltern müssen also nur noch die Kerze selbst besorgen, dabei ist ihnen die Farbe oder Größe der Kerze völlig freigestellt. Die Resonanz auf dieses Angebot zur Beteiligung der Eltern und PatInnen bei der Taufe ist sehr gut.
Die Tauferinnerungskerzen werden während des folgenden Liedes angezündet und auf den Taufstein gestellt.

Lied *Ins Wasser fällt ein Stein (EG Württemberg 637, LJ 569)*

Gedanken zum Erntedank

»Komm, Herr Jesus, sei du unser Gast und segne, was du uns bescheret hast!«
Ganz anders sieht der Altar heute in unserer Kirche aus. Viele verschiedene
Lebensmittel liegen darauf. Er ist wie ein reich gedeckter Tisch.

Zurufe der Kinder

An unserem reich gedeckten Tisch wird uns zweierlei deutlich: der Dank für
das, was wir zum Leben haben – und zugleich die Erinnerung daran, nicht
gedankenlos mit dem umzugehen, was wir zum Leben brauchen.
Es gibt ein bekanntes Tischgebet, das den Dank für das Sattwerden an
Leib, Geist und Seele in Worte faßt. Es heißt: »Komm, Herr Jesu, sei du
unser Gast und segne, was du uns bescheret hast!« Wenn wir das heute
an unserem Tisch hier in der Kirche sagen, dann geht uns auf, was uns
alles zum Sattwerden geschenkt ist: Warum? Die Bibel in der Mitte unseres
Tisches erzählt uns davon.
Die Bibel läßt uns an Jesus denken, der uns nahe war, und mit dem wir
gelernt haben, nach unserer Lebensmitte zu fragen. Zwei Lebensmittel auf
unserem Altartisch haben besonders mit der Erinnerung an Jesus zu tun: das
Brot und die Trauben. Das Brot und den Saft von Trauben hat Jesus mit den
Menschen geteilt, die am Tisch mit ihm saßen. Er hat ihnen gesagt: Sie
sollen euch an mich erinnern. Danken, Teilen, Sattwerden – all das geschieht,
wenn Jesus an unserem Tisch zu Gast ist.
Was ist das Brot? Das Brot ist lebensnotwendig. Wir essen Brot und werden
satt. Aus vielen Körnern, aus vieler Hände Arbeit, wird es gemahlen und
vermengt. Anstrengung steckt dahinter, ein langes Wachsen und Reifen und
Aufgehen. Unser tägliches Brot gib uns heute, sagen wir im Vaterunser und
meinen: unser alltägliches Brot, unsere alltägliche Erfahrung des Lebens. Sie
ist Mühe und Arbeit, und sie ist Gewohnheit und Gleichmaß. Wie sehr wir
diesen Alltag brauchen als Verankerung unseres Lebens, das merken wir oft
erst, wenn der vertraute und gewohnte Alltag erschüttert, wenn uns der Boden unter den Füßen weggezogen wird. Für diesen Alltag zu danken, für
die Mühen unseres Lebens und das Mittelmaß der Beständigkeit, das mag
einem nicht so oft in den Sinn kommen und manchmal sogar zuwider sein,
verbinden sich doch mit den Mühen des Alltags oft auch Erschöpfung und
Kraftlosigkeit. Heute wollen wir danken für dieses Brot des Alltags. Wir
wollen danken für die Stärkung und Wegzehrung.
Was sind die Trauben? Sie stehen für das, was nicht überlebensnotwen-
dig ist und gleichzeitig doch zum Leben notwendig. Denn wir brauchen
nicht nur unseren Alltag, wir brauchen auch die Wunder, die uns überraschen. Wir brauchen das, was wir uns selbst und anderen nicht zugetraut
hätten. Wir brauchen die Liebe, die manchmal wie vom Himmel fällt, und
wir brauchen die Lust am Leben, die süß schmeckt und nach mehr. In
Weingegenden, wo Trauben doch eigentlich gar nichts Besonderes sind,
werden sie dennoch in besonderer Ehre gehalten. Sie gelten als geronne-
ne Sonnentropfen, als Himmelstau und als das, was für die Freude am

154

Leben steht. Niemand, der weiß, wie sorgsam Weinberge gepflegt werden, wie deutlich es gerade beim Weinbau ist, daß Sonne und Regen zur rechten Zeit die Trauben reifen lassen und nicht das, was Menschen machen können, wird achtlos und selbstverständlich mit Trauben umgehen. Der Weingärtner preßt die Traubenbeere aus, um die Süße des Saftes zu messen und dann wirft er den Rest der Beere nicht weg, sondern ißt sie auf. Trauben sind etwas Wertvolles und Kostbares. Darum sind sie ein gutes Erinnerungszeichen dafür, was wir zu unserem täglichen Brot hinzu brauchen: das Wunder der Lebensfreude in unserem Leben, das zum Sattwerden bei Gott dazugehört.

»Komm, Herr Jesus, sei du unser Gast und segne, was du uns bescheret hast!« Brot und Trauben, Alltag und Wunder, beides läßt uns sattwerden – Gott sei Dank!

So wie sich Jesus immer mit den Menschen an einen Tisch gesetzt hat, die seine Nähe suchten, so wollen auch wir etwas von diesem Tisch miteinander teilen, das uns das mit allen Sinnen spüren läßt: Brot und Trauben, Alltag und Wunder, beides läßt uns sattwerden. – Gott sei Dank!

Lied *Ich singe dir mit Herz und Mund (EG 324)*

Währenddessen teilen Kinder Rosinenbrote aus.

Fürbittengebet *gesprochen von PatInnen, dazu als*

Kehrvers: Du, Gott, stützt mich (EG Wüttemberg 630, LJ 501)

Du, Gott, stützt mich.
Du, Gott, stärkst mich.
Du, Gott, machst mir Mut.

(Kanon von Dorothea Schönhals-Schlaudt. Rechte bei der Autorin.)

Unser Leben kommt von Dir, Gott,
und alles, was wir zum Leben brauchen.
Du hast den Menschen wunderbar gemacht.
Wir freuen uns an unserem Leben
und an dem, was wir sind
und was wir können.
Wir sind dankbar für unsere Familien,
unsere Freunde und Freundinnen.
Sie begleiten uns,
und mit ihnen lernen wir,
miteinander zu leben, in guten Tagen
und auch dann, wenn es Streit gibt
und unterschiedliche Meinungen.
Wir wollen einander zeigen

und einander spüren lassen,
wie wichtig wir füreinander sind.
Hilf du uns dabei.

Kehrvers

Unser Leben ist voll Arbeit, Gott.
Wir selbst und andere haben von früh bis spät zu tun,
damit das da ist, was wir zum Leben brauchen
und was wir uns vom Leben wünschen.
Wir sind stolz, wenn wir etwas fertiggebracht haben.
Wir stöhnen, wenn uns die Arbeit zu viel wird.
Und manchmal vergessen wir dann,
daß die Wärme der Sonne und die Schönheit der Blumen
nicht die Frucht unserer Arbeit sind, sondern deine Gaben.
Wir danken dir
für die Kraft der Phantasie,
das Glück der Gesundheit,
die Hingabe der Liebe, die uns trägt –
wir danken dir für deine Gaben,
die unser Leben reich machen.
Erhalte sie uns.

Kehrvers

Wir sehen, was wir haben
und was unser Leben glücklich macht.
Wir spüren, daß das Leben ein Geschenk ist,
das wir sorgsam hüten sollen,
für uns und für die Kinder,
die uns anvertraut sind.
Wir danken dir, daß wir sattwerden können
– unser Leib, unser Geist und unsere Seele.
Laß uns wach und empfindsam sein dafür,
wo es anderen an diesem Sattwerden fehlt.
Gib uns Herz und Verstand, Geschick und Wärme,
Aufrichtigkeit und Weitsicht,
damit wir die Freude und den Dank über dieses Sattwerden
uns und den Generationen nach uns erhalten helfen.

Kehrvers

Vaterunser

Lied   *Himmel, Erde, Luft und Meer (EG 504)*

Abkündigungen

156

Lied   *Verleih uns Frieden (EG 421)*

Segen

Orgelnachspiel

Zwischen Feiertag und Alltag

Frühstücksgottesdienste an den zweiten Feiertagen der großen Feste
Ein Werkstattbericht und drei Beispiele
Monika Renninger in Zusammenarbeit mit Henriette Bauer, Sabine Kollmannthaler, Dörte Lochner und Elvira Thonke-Neundorf

Vorüberlegungen

Seit vielen Jahren gibt es in der Friedenskirchen-Gemeinde Stuttgart an den zweiten Feiertagen die Tradition der Frühstücksgottesdienste. Dazu gibt es einen Vorbereitungskreis, der sich einmal im Vorfeld trifft, die Gottesdienstidee und deren Umsetzung inhaltlich diskutiert und festlegt, die technische Vorbereitung organisiert und beim Gottesdienst selbst dann aktiv ist. Der / die PfarrerIn übernimmt im Gottesdienst nur die Rolle des / der LiturgIn. Da die liturgische Form dieses Gottesdienstes gleichbleibt und somit eingeübt ist, sind der Verlauf und die einzelnen liturgischen Stücke sowohl den Kindern als auch den Erwachsenen in der Gemeinde vertraut.

Die Frühstücksgottesdienste folgen einer Grundkonzeption, die die Feier der Gemeinschaft als Mahlgemeinschaft in den Mittelpunkt stellt. Das bedeutet, daß nach dem liturgischen Anfang und der Verkündigung – in der Regel in Form einer Erzählung oder eines szenischen Spiels – ein gemeinsames Frühstück mit lebhaften Gesprächen folgt. Für das Frühstück an schön gedeckten Tischen ist Kaffee, Tee, Milch, Brot, Butter und Marmelade vorbereitet. Wer darüber hinaus das Frühstück um etwas Besonderes wie Kuchen, Käse oder Wurst ergänzen möchte, bringt es mit und stellt es dazu. Diese Regelung spielt sich rasch ein.

Als kindgemäßes ergänzendes Angebot zum ausführlichen Erwachsenenfrühstück haben wir ein auf die Gottesdienstidee bezogenes Bastelangebot eingeführt, das den thematischen Impuls verstärkt und gewissermaßen ›handgreiflich‹ macht. Die Betreuung bei diesem Bastelangebot übernehmen, wenn möglich, die KonfirmandInnen. Die Kinder setzen sich dazu im selben Raum an einen ›Basteltisch‹, auf dem die Materialien vorbereitet sind. Manchmal läßt sich das, was dabei entsteht, auch in die fortlaufende Liturgie einbeziehen, wie zum Beispiel ein Tischlicht an Weihnachten, das dann noch für einen Lichtertanz verwendet wird.

Nach dem Frühstück und dem Basteln schließt der Gottesdienst mit gemeinsamem Lied, Gebet und Vaterunser und einem Segenslied.

Der Gottesdienst findet im Gemeindehaus statt, das hängt mit den räumlichen Erfordernissen zusammen. Unter anderen räumlichen Bedingungen wäre dieser Gottesdienst auch in der Kirche möglich.

Die Atmosphäre im Gemeindehaus erinnert dabei eher an eine große Familie, die sich, dem Kirchenjahr folgend, zur häuslichen Andacht und dem damit verbundenen Familienleben versammelt, als an eine Gottesdienstgemeinde im Sakralraum. Dazu trägt sicher auch bei, daß die Orgel fehlt und die musikalische Gestaltung der Gottesdienste mit Klavier und Gitarre geschieht.

An den zweiten Feiertagen, auf der Schwelle zwischen Feiertag und Alltag, wird die Gemeinde dadurch zum gewissermaßen öffentlichen Raum des häuslichen Gesamtkatechumenats, indem sie als Gemeinde generationen- und familienübergreifend am gemeinsamen Tisch sitzt, nicht weil es ein Familienfest zu feiern gibt, sondern das, was Gemeinde stiftet: ein Fest der Gemeinschaft Gottes mit den Menschen und darum der Menschen untereinander.

Übrigens: Sofern die Texte und Aufgaben nicht schon auf das Vorbereitungsteam verteilt sind, werden sie beim Hereinkommen an einzelne Kinder, Jugendliche und Erwachsene weitergegeben, ohne vorbereitende Anfrage. Das geht wunderbar und mit großer Selbstverständlichkeit. Und noch etwas: Auf dem Liedblatt wird außer dem Psalmgebet auch immer das Schlußgebet mit abgedruckt – zum häuslichen Gebrauch.

Verlauf eines Frühstücksgottesdienstes

Begrüßung und Votum
Lied
Psalmgebet (Kehrverspsalm) – Ehr sei dem Vater
Schriftlesung mit kurzer auslegender Einführung
Lied
Szenische / Spielerische Umsetzung der Schriftlesung bzw. des Gottesdienstthemas
Lied
Frühstück und thematisches Bastelangebot
Lied
Gebet (Text ist auf Liedblatt abgedruckt) und Vaterunser
Segenslied

Zum Beispiel Weihnachten:

Begrüßung und Votum

Wir versammeln uns zum Gottesdienst an diesem zweiten Feiertag von Weihnachten. Er lädt uns ein, noch einmal mit Liedern und Gebeten Weihnachten zu feiern, bevor uns der Alltag wieder einholt. Es ist ein guter Brauch und eine schöne Tradition in unserer Gemeinde, daß wir an diesen zweiten Feiertagen zu einem Frühstücksgottesdienst zusammenkommen. So spüren wir in besonderer Weise, daß Weihnachten nicht nur ein privates Familienfest ist, sondern ein Fest der ganzen Gemeinde.

Gottesdienst-Kerze wird angezündet

Wir fangen nun an im Namen Gottes,
der uns liebt,
der im Kind in der Krippe Mensch wird,
damit wir Menschen sein können,
der mit seinem guten Geist unter uns ist. Amen.

Lied *Ihr Kinderlein, kommet (EG 43)*

Psalmgebet nach Jesaja 60,1 *Dein Licht brauchen wir*
(Sagt Gott S. 84)

Bei diesen Kehrverspsalmen haben wir es uns zur Gewohnheit gemacht, daß einzelne Kinder die Zwischenverse sprechen, die ganze Gemeinde zusammen dann den Kehrvers. Diese Beteiligung am liturgischen Vollzug ist ohne große Vorbereitung möglich und mit der Zeit von einer Selbstverständlichkeit geprägt, die den Kindern eine liturgische Mündigkeit eröffnet.

Auslegende Einführung in Schriftlesung

Weihnachten ist ein Fest mit vielen Versprechungen:
Zuhause unter dem Christbaum, versprechen die Geschenke, daß wir uns einander wert sind und wir uns umeinander kümmern. Unter dem Eindruck, wie wohltuend diese stillen Tage sind, versprechen wir uns, daß wir die Ruhe und Besinnlichkeit dieser Tage mitnehmen wollen in den Alltag. Und manchmal versprechen wir uns, daß es auch im kommenden Jahr so freundlich und liebevoll bei uns zugehen soll, wie wir es an den Weihnachtstagen zu sein versuchen.
Weihnachten ist jedoch vor allem das Fest, an dem wir Gottes großes Versprechen feiern. Die Bibel sagt dazu: Verheißung. Gott wird Mensch für uns im Jesuskind, niedrig und machtlos und gering, damit wir spüren und wissen: Weil Gott für uns ist, können auch wir für uns und für andere sein – und uns daran orientieren und endlich lernen, Mensch zu sein.
Gott wird Mensch für uns und verändert damit nicht nur uns, sondern die ganze Erde.
Das ist ein großes, ein sehr großes Versprechen: Die Erde wird neu. Sie wird Gottes Reich sein. Davon reden die biblischen Schriften. Wie kann man dieses Versprechen Gottes beschreiben? Der Prophet Jesaja versucht es. Er erzählt einen Traum, einen Traum von Gottes Friedensreich auf Erden. Diesen Traum haben zu allen Zeiten andere Erzählerinnen und Erzähler weitergesponnen. Sie schreiben Legenden, Geschichten, von denen man nicht weiß, ob sie nicht doch gewesen sein könnten – weil an Weihnachten ja alles möglich ist. Denn da kommt Gott auf die Erde und die Welt wird auf den Kopf gestellt: Gott sei Dank. Wir hören den Traum des Propheten Jesaja.

Schriftlesung *Jesaja 11,1-9*

Lied *Knospen springen auf*
(Rolf Krenzer, Das große Liederbuch, Limburg 1988, Nr. 91)

Schattenspiel

Es gibt eine Fülle von Weihnachtslegenden, die von Begegnungen der Tiere mit dem Geschehen an der Krippe handeln. Da Tierfiguren mit weniger Aufwand zu differenzieren sind als verschiedene Personengestalten, eignen sich diese sehr gut für die Umsetzung zu einem Schattenspiel. Dazu muß, sofern eine Bearbeitung nicht bereits vorliegt, die Erzählung in verschiedene Rollen aufgeteilt werden. Dabei sollten möglichst viele direkte Dialoge zwischen den Hauptfiguren entstehen, die von verschiedenen SprecherInnen übernommen werden können. Mit ein bißchen Übung läßt sich dann auf einem Tageslichtprojektor ein sehr eindrucksvolles Schattenspiel mit einfachen Mitteln zeigen. Die Figuren haben wir nach Vorlagen aus Tier-Bilderbüchern gezeichnet und ausgeschnitten. Ein Tip: feste Pappe dazu verwenden, damit die Figuren gut aufliegen. Die Geschichte wird, auf mehrere SprecherInnen verteilt, erzählt, eine Schattenspielerin legt dazu die Figuren auf. Wichtig ist es, die Figuren ruhig zu führen, auch Pausen im Erzählfluß auszuhalten – die Wirkung der Schattenfiguren ist stark genug, um diese zu überbrücken.

Lied   Es ist ein Ros entsprungen (EG 30)

Frühstück und Bastelangebot   *Fensterbilder nach Tierfiguren-Vorlagen*

Dazu Schablonen anfertigen – wir haben dazu wiederum Vorlagen aus Tier-Bilderbüchern verwendet –, die die Kinder auf buntem Tonpapier nachzeichnen und ausschneiden können. Es entstehen hohle Figuren. Diese werden mit Transparentpapier oder, das macht mehr Spaß, mit selbstgefärbtem Butterbrotpapier oder Architektenpapier hinterklebt: Dazu wird eine Fläche ganz bunt mit Wachsmalkreide angemalt, das Papier wird mit der angemalten Seite nach innen zusammengeklappt und kurz überbügelt. Dadurch zerlaufen die Farben und es entstehen schöne Farbflächen. Dann mit dem so gefertigten Papier den Hohlraum der Schablone hinterkleben. Fertig.

Lied   Stern über Bethlehem (EG 540)

Gebet   Bitte um Frieden (FrHerz S. 96)

Vaterunser

Segenslied   *Viel Glück und viel Segen*

Dieses traditionelle Geburtstagslied ist im Weihnachts-Frühstücksgottesdienst bei uns zur Tradition geworden, da in zwei Familien, die regelmäßig zu diesem Gottesdienst kommen, an diesem Tag Geburtstagskinder zu feiern sind.

Zum Beispiel Ostern

Begrüßung und Votum

Osterkerze wird angezündet

Lied   Wie ein Fest nach langer Trauer (EG Württemberg 660, LJ 636)

Psalmgebet nach Psalm 118 *Dies ist der Tag, den der Herr macht*
(Sagt Gott S. 66)

Auslegende Einführung in Schriftlesung

Wie geht es weiter nach dem Fest? Wir haben die Osternacht gefeiert und am Sonntagmorgen von der Auferstehung Jesu gesungen. Und wie geht es nun weiter? Wir hören gleich von Menschen, die sich auf den Weg machen müssen, um wieder in ihren Alltag zu finden, und dort die gute Nachricht weitersagen und mit ihr leben sollen. Wir hören von zweien, die sich auf den Weg zurück in ihr Dorf aufmachen – und dabei erleben, daß Jesus mit ihnen geht.

Schriftlesung *Luk 24,13-35*

Der Bibeltext wird einer Kinderbibel entnommen und in verteilten Rollen gelesen. Es lohnt sich, in die Erzählung noch einige Dialogteile einzufügen, dann wird der Vortrag lebendiger.

Wir veranschaulichen dazuhin den Bibeltext in einer kleinen Inszenierung: mit einer sich von Szene zu Szene weiter öffnenden Tür, in der die Osterkerze aus der Kirche steht. Das Osterlicht soll sich, im Duktus der Erzählung von den Emmaus-Jüngern, sichtbar Bahn brechen.
Dazu haben wir ein bei uns vorhandenes, mit schwarzem Tuch bespanntes Kasperletheater mit der Rückseite nach vorne aufgestellt und die Seitenflügel wie Türen geschlossen. In die Innenseite unserer so entstandenen Türkonstruktion haben wir ein goldgelbes Tuch geheftet, so daß beim allmählichen Öffnen der Eindruck entsteht, Licht scheine hervor. Vor die geschlossene Tür rollen wir einen mit grauem Tuch verhüllten Schaumgummiwürfel als ›Stein‹, der so groß ist, daß er die Hälfte der Tür verdeckt. Beim allmählichen Öffnen wird er ›weggewälzt‹. Die Tür öffnet sich immer weiter im Verlauf der Erzählung, bis am Schluß das lichtfarbene Tuch in der geöffneten Tür zu sehen ist, vor dem dann auch noch die Osterkerze leuchtet, die wir ganz zum Schluß noch in die Szene hineintragen.
Damit alle sich beteiligen können am Erzählgeschehen, werden die einzelnen Erzählschritte mit gemeinsam gesungenen Strophen aus einem alten Erzähllied unterbrochen.

Lied *Erstanden ist der heilig Christ (EG 105)*

Frühstück und Bastelangebot *Kleine Osterkerzen verzieren*

Dazu braucht es nur kleine Stumpenkerzen, Wachsplatten und ein Vorlagenblatt mit Motiven. Die Kinder schneiden ihre selbstgewählten Motive aus dem Wachs aus und drücken sie mit der Hand an ihre Kerze. Fertig.

Lied *Freunde, daß der Mandelzweig (EG Württemberg 655, LJ 518)*

Gebet und Vaterunser (LJ 714.12)

Segenslied   *Erstanden ist der heilig Christ (EG 105,17)*

Zum Beispiel Pfingsten

Begrüßung und Votum

Gottesdienst-Kerze wird angezündet

Lied   *Wie lieblich ist der Maien (EG 501)*

Psalmgebet nach Palm 67   *Gott, du bist freundlich zu uns (Sagt Gott S. 43)*

Auslegende Einführung in Schriftlesung

Die biblische Erzählung vom Pfingstwunder erzählt eine wunderbare Geschichte: Gott schenkt uns seinen Geist, damit wir, jede und jeder von uns und wir alle zusammen, von Gott zu erzählen beginnen. Und damit wir in Gottes Geist so leben, daß man uns das abnimmt, was wir glauben und sagen. Wie das gehen soll?
Nicht immer ist mir danach zumute, von Gott zu reden. Manchmal passieren Dinge, die ich nicht verstehe. Manchmal gibt es Streit, der mich traurig macht. Manchmal ist jemand krank, und ich habe Angst um ihn. Dann kann ich nicht so einfach von Gott reden. Ich denke: Was ist, wenn Gott mich jetzt ganz vergessen hat? Wenn so etwas ist, habe ich keinen Mut mehr.
Und manchmal traue ich mich auch nicht, von Gott zu reden. Vielleicht werde ich dann ja ausgelacht. Vielleicht denken die anderen: Die hat ja keine Ahnung. Vielleicht weiß ich nicht, wie ich Worte finden soll für das, was ich sagen will. Wenn so etwas ist, dann fehlt mir der Mut.
So ging es auch den Freundinnen und Freunden von Jesus, als er nicht mehr bei ihnen war. Und da erleben sie etwas Wunderbares: Gott schenkt ihnen neuen Mut. Wir hören von der Mut-Geschichte an Pfingsten:

Schriftlesung   *Kurze Auszüge aus der Pfingstgeschichte Apg 1-2*

Lied   *Zu Ostern in Jerusalem (MKL 119)*

Gestaltungsidee   *Das Mutpaket*

Um die sehr abstrakte Vorstellung von Gottes Geist, der uns Mut macht, faßbarer werden zu lassen, haben wir ein schön eingepacktes Geschenkpaket vorbereitet: unser Mutpaket. Dieses Mutpaket öffnen wir im Gespräch mit den Kindern. Zum Vorschein kommen:

eine Bibel, damit wir wissen, woher unser Mutpaket kommt;

eine Spielzeug-Lupe für das genaue Hinschauen, wo unser Mut gebraucht wird;

ein Tröte, damit wir uns Gehör verschaffen können für das, was wir zu sagen haben;

ein mit schöner Schrift gestaltetes Gebet für das Reden mit Gott;

ein Freundschaftsband, das für die mutmachende Gemeinschaft steht;

eine Duftlampe als Symbol dafür, wie sich der Wohlgeruch der Gottesnähe ausbreitet.

Frühstück und Bastelangebot   *Geschenk-›Mut‹-paket gestalten*

Mit einer einfachen Falttechnik können kleine Pappschachteln hergestellt werden, die sich als Geschenkpäckchen eignen. Wem dies zu aufwendig ist, sammelt Pappschachteln in allen Größen und Formen. Diese lassen sich mit unterschiedlichen Materialien verzieren: Man kann sie bemalen, Perlen oder ähnliches aufkleben oder gepreßte Blumen mit Folie aufziehen. In das so entstandene Schächtelchen können Dinge gelegt werden, die für ein Mutpaket wichtig sind. Diese Schätze werden später zuhause zusammengesucht. Jetzt im Gottesdienst bemalen oder beschriften die Kinder Zettel mit dem, was ihnen Mut macht und legen sie in das Kästchen. Damit aber wenigstens ein besonderer Schatz gleich noch in das Kästchen kommt, haben wir jedem Kind einen kleinen bunten Glas-›Schatz‹-stein geschenkt.

Lied   *Wir sind eins in dem Herren (LJ 350)*

Gebet und Vaterunser   *Sich vertragen (FrHerz S. 89)*

Segenslied   *Gib uns Ohren, die hören (LJ 534)*

Das Lied läßt sich gut mit Bewegungen gestalten:

Gib uns Ohren, die hören,

Hände an die Ohren legen.

und Augen, die sehn,

Hände über die Augen halten wie beim in die Ferne-Schauen.

und ein weites Herz, andere zu verstehn.

Die Arme weit ausbreiten.

Gott, gib uns Mut, unsere Wege zu gehn.

*Klatschen, dabei zwei Schritte nach rechts
und wieder zwei Schritte nach links
oder Schrittfolge im Kreis.*

Glauben, Hoffen, Lieben

Ansprache im Abendmahlsgottesdienst zur Konfirmation
Monika Renninger

Vorüberlegungen

Diese Ansprache im Abendmahlsgottesdienst am Vorabend der Konfirmation greift die Taufansprache ›Glauben, Hoffen, Lieben‹ (s.o. S. 47f.) mit der Gestaltungsidee, diese Worte anhand eines aus drei verschiedenen Tüchern geflochtenen Bandes zu versinnbildlichen, auf. Bei dem Taufgottesdienst zum Beginn des Konfirmandenjahres waren zwei Konfirmanden und ihre Geschwister getauft worden. Ein Jahr später ist der Abendmahlsgottesdienst zur Konfirmation. Dieser Weg soll deutlich werden, ebenso wie die Verknüpfung von Taufe und Abendmahl im Sinne eines Sich-auf-den-Weg-Machens und eines Auf-dem-Weg-Seins.
Das Symbol des geflochtenen Bandes wird wieder verwendet, erfährt nun aber eine Variation: Aus den drei verschiedenfarbigen schmalen Tüchern wurde ein großes Tuch zusammengenäht, das bei dieser Ansprache entfaltet wird. Der Ansprache liegt Psalm 139 zugrunde, der im Gottesdienst im Wechsel von Konfirmandengruppe und Gemeinde gebetet wird.

Ansprache

Liebe Konfirmandinnen, liebe Konfirmanden, liebe Gemeinde!

Dreifarbiges Tuch zeigen – verdreht statt geflochten, da es nun zusammengenäht ist – und als Stola umlegen.

Einige von Euch werden sich noch an dieses Band erinnern. Letztes Jahr im April haben wir es bei einem Taufgottesdienst, in dem auch zwei von Euch getauft wurden, geflochten. Bei der Taufe, so hatte ich damals gesagt, feiern wir, daß Gott sich mit uns verbindet – und wir uns mit ihm.
Gott verbindet sich mit uns, wird unser Verbündeter: Einen starken Freund, eine mutige Freundin haben wir in Gott für unser Leben.
Was braucht es für diesen Bund? Wie muß das Band zwischen Gott und uns geknüpft sein, damit es hält und trägt? Wir wissen: Gott hält sich zu uns – aber was brauchen wir, damit wir uns zu Gott halten?
Darauf antwortet uns das Evangelium, die Gute Nachricht von Jesus Christus, indem Gott Mensch für uns wird: In ihm schenkt Gott uns nicht nur das Ange-

bot, daß er sich mit uns verbünden will, sondern dazu auch noch das, was wir für diesen Bund mit Gott brauchen. In drei Worten kann man es sich gut merken. Sie heißen: Glaube, Hoffnung, Liebe.

Glaube, Hoffnung, Liebe – diese drei ergeben ein starkes Band, wenn wir JA sagen zu Gott:

JA, wir glauben.

JA, wir hoffen.

JA, wir lieben.

Das ist die Antwort, die wir in der Taufe geben. Als Ihr getauft wurdet, haben Eure Eltern und Patinnen und Paten und die ganze Gemeinde für Euch geantwortet. Bei Eurer Konfirmation sprecht Ihr nun selbst dieses JA.

Einzelne Farben zeigen.

JA, wir glauben:

Das blaue Band erinnert uns an den Himmel, der für uns offensteht, weil Gott sich mit uns verbindet und verbündet;

JA, wir hoffen:

Das gelbe Band läßt uns an Christus, das Licht der Welt denken, der unser Leben und auch unsere Zukunft in einem anderen Licht erscheinen läßt;

JA, wir lieben:

Das rote Band steht für die Hingabe, mit der Gott sich uns zuwendet, und aus der wir für unser Lieben schöpfen dürfen.

Stola abnehmen, das Tuch in sich weiterverdrehen und als Band spannen.

Ein starkes Band: Glauben, Hoffen, Lieben. JA.

JA-Sagen: Das ist manchmal ganz leicht. Aber manchmal ist es auch ganz schön schwer.

Leicht ist es, wenn ich mich freue, daß es mir gutgeht und mir vieles gelingt. Leicht ist es, wenn ich spüre: Ich bin nicht allein. Ich habe Menschen, die mit mir gehen, Freundinnen und Freunde, die mich begleiten. Leicht ist es, wenn ich gesund bin und jeder neue Tag ein schöner Tag werden kann.

Schwer ist es, wenn ich das Gefühl habe: Keiner ist da, der mir hilft. Schwer ist es, wenn ich Angst habe und mir ganz verlassen vorkomme. Schwer ist es, wenn ich mir Sorgen mache, was morgen sein wird.

Was ist dann mit meinem JA? Ist es verloren und vergessen und einfach weg? Was ist denn, wenn ich am liebsten schreien würde: NEIN, so soll es nicht sein. NEIN, das ist ungerecht. NEIN, das Leben ist so nicht schön! Wird dann auch Gott NEIN zu mir sagen? Was ist mit seinem JA? Ist es verloren und vergessen und einfach weg?

Tuch abnehmen und während dieser Worte so zusammenknüllen, daß es in den Händen verschwindet.

Was ist dann? Das ist eine Frage, die diejenigen umtreibt, die den Psalm 139 aufgeschrieben haben, den wir vorhin miteinander gebetet haben. Aus ihren Worten hören wir heraus, wie schwer es sein kann, beim JA zu bleiben. Ihre NEIN-Worte heißen:

Fliehen,
Finsternis,
Nacht,
Verborgensein.
Wie schwer sind für mich, Gott, deine Gedanken!
Die Psalmbeter und -beterinnen von Psalm 139 trauen sich zu sagen: Gott, mir
liegt ein NEIN auf der Zunge, wenn ich an mein Leben denke und daran, was
aus mir geworden ist; wenn ich mich umschaue und sehe, wie es in der Welt
zugeht; wenn ich an morgen denke und nicht weiß, was werden soll.
Das sagen sie Gott. Und können auch in all diesen NEIN-Worten nicht schwei-
gen von den Erfahrungen, die sie dann mit Gott machen. Sie staunen:
Auch am äußersten Meer hält mich Gottes Hand,
Finsternis ist wie das Licht bei Gott,
bei Gott bin ich nicht verborgen,
am Ende bin ich immer bei Gott.
Wenn wir den Psalm 139 mitbeten, sprechen wir das Zweifeln und das
Staunen nach: Das Band, der Bund, den Gott mit uns eingeht, Gottes JA zu
uns hält und trägt – auch dann, wenn uns ein NEIN auf der Zunge liegt und
unser JA nur zögernd und leise kommt.
Gottes JA zu uns hält und trägt uns.

Zusammengeknülltes Tuch wieder öffnen und wie Gebetsmantel umlegen.

Es umhüllt uns
wie ein schützender Mantel, der uns birgt;
wie ein Tuch, das uns auffängt, wenn wir fallen;
wie ein wärmender Schal, in den wir uns hüllen.
Gottes JA zu uns umschließt unser JA zu Gott. Das sollt Ihr wissen, wenn Ihr
morgen vor der ganzen Gemeinde Euer JA sagt. Ihr sollt wissen, daß Euer
JA wiederklingt in Gottes JA zu Euch.
Deshalb könnt Ihr morgen ein aufrichtiges JA sagen. Ihr müßt euer JA nicht
alleine tragen. Gottes Hand hält Euch, wenn Ihr es sprecht. Und Gottes
Hand hält uns, wenn wir es in Gedanken mitsprechen und uns mit Euch
zusammen an unser JA erinnern.
JA, sagen wir
dankbar und staunend,
leise und laut,
zögernd und gewiß,
fragend und erkennend:
JA, wir glauben.
JA, wir hoffen.
JA, wir lieben.
Denn »Von allen Seiten umgibst du mich und hältst deine Hand über mir.«
(Ps 139,5)
Und indem wir es sagen, erinnern wir uns:
Gottes JA geht unserem JA voraus.

In der Taufe haben wir es gefeiert;
im Abendmahl lassen wir uns für den Weg stärken,
auf dem unser JA sichtbar und lebendig werden soll.
Wir hören, spüren, schmecken, buchstabieren es, denn:
JA, sagt Gott:
Von allen Seiten umgebe ich dich und halte meine Hand über dir. Amen.

Abendmahl mit Kindern

Ein Brief an die Gemeinde
Anne-Kathrin Kruse

Vorbemerkungen

Folgende Erfahrungen und Überlegungen veranlaßten uns in der Kirchengemeinde Bad Wimpfen dazu, Kinder ohne Altersbegrenzung zum Abendmahl zuzulassen:

• Die starke Betonung des Sündenbekenntnisses in der Abendmahlsliturgie, die die Atmosphäre der Abendmahlsfeier nicht nur heilig-ernst, sondern darüber hinaus bedrückend werden läßt. (Zu fragen wäre, ob fehlendes Sündenbewußtsein oder übertriebenes Sündenbewußtsein davon abhält, am Abendmahl teilzunehmen.) Die Teilnahme von Kindern kann die Atmosphäre des Abendmahls verändern und es wieder zu einem Freudenmahl machen.

• Jedenfalls erleben wir eher, daß wir die Menschen immer wieder ermutigen und einladen müssen, überhaupt die Gelegenheit zum Abendmahl wahrzunehmen, als daß es nötig wäre, das Abendmahl vor Mißbrauch zu schützen.

• Die Abendmahlsfeier ist keine selbstverständliche Praxis – vor allem da, nicht, wo sie früher ausschließlich am Karfreitag begangen wurde. Ihr Sinn als Neuanfang aus der Vergebung und als erfahrene Stärkung, als Freuden- und Gemeinschaftsmahl, als Erinnerungsmahl an Gottes Heilstaten kaum im Blick, kann nahezu nicht erfahren werden.

• Obwohl KonfirmandInnen in unserer Gemeinde mit der Vorbereitung auf das Abendmahl während des Konfirmandenunterrichts die Erlaubnis haben, am gottesdienstlichen Abendmahl teilzunehmen, gewinnen sie nur schwer Zugang und nehmen diese Möglichkeit kaum wahr.

Zielsetzung ist deshalb die Wiedergewinnung des Abendmahles für die *ganze* Gemeinde, die immer beides ist: *simul iustus et peccator*, die von der Vergebung, von Gottes Menschwerdung in Jesus Christus, von der Vergegenwärtigung Christi in Brot und Wein, von der Hoffnung auf Gottes Reich lebt, und für die all dies im Abendmahl auch erfahrbar werden soll.

Um deutlich zu machen, daß das Abendmahl eine heilige Feier für die ganze Gemeinde ist (und daß das Erziehungsrecht der Eltern nicht beschnitten werden soll), feiern wir es vor allem in Gottesdiensten für die ganze Gemeinde oder laden die Familien der Kinder in den Kindergottesdienst ein. Bewußt wird dabei am liturgischen Ablauf des Gottesdienstes festgehalten, damit Kinder und Erwachsene sich zurechtfinden können.

Daß auch nicht getaufte Kinder am Abendmahl teilnehmen, nehmen wir in Kauf, weil wir erleben, daß gerade diese Kinder mit ihren Eltern seit ihrer Teilnahme am Abendmahl sehr bewußt Gottesdienste der Gemeinde besuchen und in die Gemeinde hineinwachsen. Die Kooperation mit den drei kommunalen Kindergärten, die der kirchlichen Arbeit bisher mehr oder weniger distanziert gegenüberstanden, spielt hier eine wichtige Rolle.

Die Beteiligung von Kindern am Abendmahl hat bewirkt, daß Kindergarten-Kinder mit der Pfarrerin ›ihre‹ Kirche auch außerhalb der Gottesdienstzeiten, z. B. zur Besichtigung der Krippe vor Weihnachten, besuchen. Dies stärkt ihre Identität, ihr Bewußtsein, zu dieser Gemeinde zu gehören.

Die Kinder sind oft die Gemeindeglieder, die noch am ehesten einen Sinn für das ›Heilige‹ haben. Sie zeigen den Jugendlichen und Erwachsenen, wie man ›würdig‹ und mit ›heiligem Ernst‹ Abendmahl feiert, ohne daß Freude und Gemeinschaft verlorengehen. Mit großer Selbstverständlichkeit nehmen die Kinder am ganzen Gottesdienst teil und helfen vor allem ihren Eltern (mit weniger Gottesdienst-Praxis) dabei, dies auch zu tun. Wir hoffen, daß die Kinder durch diese Erfahrungen positiv geprägt werden und in ihrem weiteren Glaubensleben an diese positive Prägung anknüpfen können.

Gemeindebrief

Abendmahl mit Kindern

Nach ausführlichen Beratungen hat der Kirchengemeinderat in seiner letzten Sitzung beschlossen, Kinder ohne Altersbegrenzung zum Abendmahl zuzulassen. Pfarrerin Anne-Kathrin Kruse erläutert diesen Beschluß.

Was sind die Voraussetzungen?

- Die Kinder sollen entsprechend ihrem Alter durch Eltern, Paten, kirchliche MitarbeiterInnen oder Pfarrer/in auf die Abendmahlsfeier vorbereitet werden.
- Die Kinder werden von den Eltern begleitet und dürfen nicht gegen den Willen der Eltern am Abendmahl teilnehmen.
- Die Leitung der Abendmahlsfeier haben Pfarrerin oder Pfarrer oder eine speziell beauftragte Person.
- Die Teilnahme am Abendmahl geschieht in der Regel im Rahmen eines Familiengottesdienstes, im Rahmen der Teilnahme des Kindergottesdienstes am Gottesdienst der Erwachsenen, ist aber auch an jedem anderen sonntäglichen Abendmahl möglich.
- Es werden Brot und Traubensaft geteilt, wie es auch jetzt schon mit Rücksicht auf diejenigen üblich ist, die keinen Alkohol zu sich nehmen wollen.

Was war der Anlaß?

Im vergangenen Herbst bereiteten wir mit dem Kindergarten gemeinsam den Gottesdienst zum 1. Advent vor. An diesem Sonntag ist das Abendmahl vorgesehen. Und so standen wir vor der Frage: Soll das Abendmahl ausfallen, nur weil Kinder am Gottesdienst teilnehmen? Oder sollen wir die Kinder, und damit die Familien (weil die Kleinen nicht alleine in der Bank zurückgelassen werden können), vom Abendmahl ausschließen?

Ein nicht gerade einladendes Zeichen für Menschen, die vielleicht seit langem zum ersten Mal bewußt in der Kirche sind. Wie heißt es doch bei der

Kindertaufe? »Lasset die Kinder zu mir kommen und wehret ihnen nicht, denn ihnen gehört das Reich Gottes!«, sprach Jesus selbst (zum Ärger seiner Jünger).

Also wurden die Kinder – mit Einverständnis der Eltern – nicht nur im Kindergarten vorbereitet. Wir luden sie mit ihren Eltern auch zu vier Vormittagen in die Stadtkirche ein. Die Kinder spürten sofort die Heiligkeit des Kirchenraumes und hatten viele, viele Fragen. Auch das Abendmahl, das Jesus mit seinen Jüngerinnen und Jüngern gefeiert hat, wurde ihnen erklärt.

Am 1. Advent fand dann ein schöner Gottesdienst mit Abendmahlsfeier statt, an der 120 Kinder mit Freude und heiligem Ernst teilgenommen haben.

Der zweite Anlaß bestand darin, daß sich der Kindergottesdienst in der Passionszeit unter dem Thema »Vom Passah zum Abendmahl« auf Ostern vorbereitet hat. Den Abschluß bildete ein Familiengottesdienst mit Abendmahl und anschliessendem Osterfrühstück am Ostersonntag im Gemeindehaus.

Wie war's früher

In den ersten 1000 (!) Jahren der Kirchengeschichte ist das Abendmahl mit Kindern kein Problem, sondern Praxis. Das ist in der Ostkirche bis heute so. In der Katholischen Kirche werden Kinder ab dem 7. Lebensjahr zur Eucharistie zugelassen. Bis zum 11. Jahrhundert ist gar das Abendmahl für Säuglinge nach ihrer Taufe üblich (mit Brot und Wein!).

Seit dem 12. Jahrhundert wurden die Elemente Brot und Wein immer mehr Gegenstand scheuer Verehrung. So wurde den Säuglingen der Wein nur noch tropfenweise auf die Lippen gegeben, den Erwachsenen gar nicht mehr aus Furcht vor Mißbrauch. Und damit war schließlich auch das Ende der Säuglingskommunion abzusehen.

Die zeitliche Trennung von Säuglingstaufe und Erstkommunion geht auf das 4. Laterankonzil von 1215 zurück, das Beichte und Kommunion in enge Beziehung setzte. Den richtigen Zeitpunkt für die Erstkommunion sah man etwa im 7. Lebensjahr. In dieser Lebensphase sah man die Ausbildung der Fähigkeit, Gut und Böse zu unterscheiden.

Die Reformatoren haben diese Praxis übernommen und die Abendmahlsunterweisung hinzugefügt; daraus hat sich später der Konfirmandenunterricht entwickelt. So kam es, daß die Forderung nach einem festgelegten religiösen Wissensstand und nach entsprechender moralischer Reife die Erstzulassung immer weiter hinauszögerte bis in die Zeit des einstigen Volksschulabschlusses und damit in die Phase der Pubertät, in ein ausgesprochen ungünstiges Alter, wie wir heute aus der Jugendpsychologie wissen.

Was feiern wir im Abendmahl überhaupt?

Nachdem über Jahrhunderte der Schwerpunkt beim Abendmahl vor allem auf dem Sündenbekenntnis davor lag und die Vergebung der Sünden oftmals zu kurz gekommen ist, geht es seit einigen Jahrzehnten um die Wiedergewinnung des Abendmahls in seinen verschiedenen Aspekten, nämlich um:

- den Neuanfang aus der Vergebung und erfahrener Stärkung durch Gott (selbst Judas feierte mit Jesus Abendmahl!);
- die Erinnerung an Gottes Heilstaten an uns Menschen;
- den Dank für Gottes Liebe und Barmherzigkeit;
- den Schutz und die Geborgenheit für den Alltag;
- die Gemeinschaftserfahrung mit Gott und untereinander;
- die Freude an Gott und aneinander;
- die Hoffnung auf Befreiung aus Sorgen und Ängsten; Hoffnung auf Gottes Reich des Friedens.

Menschen können wieder lachen und fröhlich sein, denn Gott wischt ihre Tränen ab, befreit sie aus Sorgen und Nöten und stärkt sie für den Alltag. Sie sehen, das Abendmahl ist ein Freudenmahl, und diese Freude dürfen wir – bei allem heiligen Ernst – auch erleben! Und inzwischen werden in vielen evangelischen Kirchen im In- und Ausland die Kinder von diesem Freudenmahl nicht mehr ausgeschlossen.

Aber haben Kinder wirklich schon die Reife?
Verstehen und begreifen sie die Bedeutung des Abendmahls?

Natürlich schließt ihre Teilnahme eine altersgemäße Vorbereitung ein. Wir wissen aber, daß das Geheimnis des Abendmahles, die Gegenwart Jesu Christi, auch noch für KonfirmandInnen und Erwachsene schwer faßbar ist.

Es geht für Menschen jeden Alters immer wieder darum, im Glauben darauf zu vertrauen, daß Jesus Christus im Abendmahl gegenwärtig ist und uns Vergebung, Freude und Hoffnung schenkt. Hier haben Kinder gegenüber den Erwachsenen eher einen Vorteil! Denn Kinder nehmen nicht nur mit dem Verstand, sondern mit allen Sinnen auf. Was gestörte Gemeinschaft, was versöhnte Gemeinschaft bedeutet, empfinden sie ganz unmittelbar.

Und: vor dem intellektuellen Erfassen kommt immer die Erfahrung. Abendmahlsfreude entsteht nicht aus der Unterweisung, sondern aus selbstverständlicher Erfahrung und Einübung.

»Unwürdig«, d.h. unangemessen nimmt nur der das Mahl zu sich, der die Heilstat Christi durch liebloses Verhalten mißachtet und die anderen beschämt, der die Gemeinschaft verletzt (1 Kor 11,22). »Unwürdig« meint also nicht den religiösen Wissensstand oder die moralische Reife!

Und was ist mit der Konfirmation?

Manche Eltern und Paten haben die Sorge, die Konfirmation könnte an Bedeutung verlieren oder sinnlos werden, wenn Kinder schon vorher am Abendmahl teilnehmen.

Diese Befürchtung ist unnötig. Nach wie vor bleibt es dabei: Die Konfirmation hat ihren Sinn als festlichen Abschluß der Konfirmandenzeit, als Segnung und Beauftragung, als Fürbitte der Gemeinde. Mit der Konfirmation übernehmen die Konfirmierten selbst die Verantwortung für ihre Teilnahme am Abendmahl. Während des Konfirmandenunterrichts werden sie mit dem Abendmahl vertraut gemacht.

Leider aber feiern viele KonfirmandInnen bei der Konfirmation auch ihr letztes Abendmahl, weil sie vor dieser krisenhaften Übergangszeit der Pubertät keine Gelegenheit hatten, wirklich positive Erfahrungen mit dem Abendmahl zu machen, an die sie später als Erwachsene anknüpfen könnten.

Die Vorbereitung:
Eltern und Paten und Gemeinde sind gefragt!

Je kleiner das Kind ist, desto eindeutiger liegt das Privileg und die Verantwortung für seine religiöse Erziehung bei den Eltern. Die Eltern haben die beste Möglichkeit, ihren Kindern das zu vermitteln, was ihnen selbst lieb und wichtig ist.

Wo irgend möglich, sollten die Paten daran beteiligt werden, denn sie haben bei der Taufe versprochen, dem Kind in allen Fragen des Glaubens helfend beizustehen. Angebote der Kirchengemeinde kommen hinzu: in Spielkreisen, im Kindergarten, in der Kinderkirche. Aber die Gemeinde kann das Elternhaus nur unterstützen, ersetzen kann sie es nicht!

Kinder lernen zuerst von den Menschen, die sie lieben und mögen, die ihnen etwas bedeuten. Und sie lernen zuerst mit dem Gefühl und im gemeinsamen Tun, bevor sie mit dem Verstand lernen.

Was uns selbst das Heilige Abendmahl bedeutet, das überträgt sich unbewußt auf die Kinder. Deshalb ist es vor allem wichtig, daß sich Kinder freuen, wenn sie in die Kirche gehen dürfen, daß sie an dem, was uns wichtig ist, beteiligt werden, dann kann ihnen der Gottesdienst mit dem Heiligen Abendmahl zu einem tiefen Erlebnis werden.

Niemand soll ausgegrenzt werden

Die Beratung der Abendmahlszulassung von Kindern im Kirchengemeinderat. Ein Praxisbericht

Georg Ottmar

In den meisten evangelischen Landeskirchen liegt die Entscheidung über die Zulassung von Kindern zum Abendmahl in der Verantwortung der einzelnen Kirchengemeinden und ihrer Leitungsgremien. Wie solch eine Entscheidungsfindung im Kirchengemeinderat durchgeführt werden kann, soll am Beispiel der Kirchengemeinde Michelbach/Bilz dargestellt werden. Dem Bericht liegt ein ausführliches Gespräch mit dem Michelbacher Gemeindepfarrer, Michael Scheiberg, zugrunde.

Zur Vorgeschichte

Die Anregung für diese Diskussion kam in Michelbach, wie in vielen Kirchengemeinden, von den Mitarbeiterinnen im Kindergottesdienst. In der Passionszeit 1996 hatten sie, wie im »Plan für den Kindergottesdienst 1995-1997« vorgeschlagen, das Thema »Vom Passah zum Abendmahl« bearbeitet. Dabei entstand der Wunsch, die Kinder des Kindergottesdienstes zu einer Abendmahlsfeier der Gemeinde einzuladen. Dieser Wunsch wurde jedoch zurückgestellt, um dem Kirchengemeinderat eine gründliche Beratung über diese Frage zu ermöglichen. Dies geschah auf einem Kirchengemeinderats-Wochenende im Juni 1997.

Zur Planung

Um die Beschlußfassung über die Zulassung von Kindern zum Abendmahl vorzubereiten, wurden vier Arbeitseinheiten von jeweils ca. 90 Minuten geplant.
In der ersten Einheit sollte der Austausch eigener Abendmahlserfahrungen im Vordergrund stehen. Als Gesprächsgrundlage hierfür wurde folgender Fragebogen erarbeitet:

»Mein« Abendmahl
- Welche Assoziationen, Gefühle... verbinde ich mit dem Begriff »Abendmahl«?
- Welche Erinnerungen habe ich an meine erste Abendmahlsteilnahme bzw. an andere frühere Abendmahlsfeiern?
- Haben sich dabei für mich Schwierigkeiten im Umgang mit dem Abendmahl ergeben?
- Welche Bedeutung hat das Abendmahl für mich? Hat sich die Bedeutung im Lauf der Zeit verändert?
- Wie sieht die Abendmahlsfeier aus, bei der ich gern dabei wäre? Welche Vorstellungen habe ich von der Form, der Atmosphäre, der eigenen Befindlichkeit ...?

Die zweite Einheit bestand in einer Einführung in die vielgestaltige Bedeutung und Gestaltung der Abendmahlsfeier (vgl. hierzu den einführenden Artikel »Abendmahl mit Kindern«, insbesondere S. 103-105) und einem Überblick über die kirchenrechtliche Situation.
Die dritte Arbeitseinheit diente dem Sammeln und Sichten von Argumenten. Sie wurden stichwortartig auf einer Wandzeitung festgehalten. Dabei ergab sich folgendes Bild:

Teilnahme von Kindern am Abendmahl

Pro
- Die Teilnahme von Kindern macht das Abendmahl lebendiger
- ganzheitliches Erlebnis, Wahrnehmung mit allen Sinnen, nicht nur darüber reden
- Kinder nicht ausgrenzen, sondern einbeziehen
- Familien können am Abendmahl teilnehmen, niemand wird ausgeschlossen
- Vernetzung von Gemeindegruppen, z.B. Besucher von Kindergottesdienst und Erwachsenengottesdienst
- »Lasset die Kinder zu mir kommen«
  »Wenn ihr nicht werdet wie die Kinder«
- Chance zur Erneuerung der Kirche

Contra
- mögliche Überforderung älterer Gemeindeglieder
- Unruhe, Befürchtung mangelnder Ernsthaftigkeit
- große Differenz zur Tradition, die die Zulassung zum Abendmahl an die Konfirmation bindet

Für die vierte Einheit wurden Gäste eingeladen: ein Pfarrer und eine Kirchengemeinderätin aus einer Kirchengemeinde, in der die Teilnahme von Kindern am Abendmahl schon seit etlichen Jahren praktiziert wird, sollten ihre Erfahrungen weitergeben und auf Fragen zur praktischen Durchführung von Abendmahlsfeiern mit Kindern eingehen.

Zum Verlauf

Bereits in der ersten Gesprächsrunde kam zur Sprache, daß das Abendmahl sehr zwiespältige Gefühle auslöst. Trotz mancher Bemühungen, das Abendmahl feierlich und festlich zu gestalten, bleibe eine schon von der Jugendzeit her bekannte gedrückte Atmosphäre. Die früher vorherrschende Sitte, einmal im Jahr, am Karfreitag, zum Abendmahl zu gehen, wirke hier noch immer nach. Auch die früher sehr stark betonte Notwendigkeit der Selbstprüfung – bin ich »würdig« für den Empfang von Brot und Wein? – erschwere eine positive Einstellung zum Abendmahl. Schwierig sei auch, daß die liturgisch praktizierte Gemeinschaft beim Abendmahl keine wirkliche Entsprechung im Gemeindeleben habe.
Neue Formen der Abendmahlsfeier hätten geholfen, die positiven Aspekte des Abendmahls zu erleben. Genannt wurden die in den Gemeindegottesdienst integrierte Feier, das Weiterreichen des Kelchs sowie Feiern beim Osterfrühstück, in denen der Gemeinschaftsgedanke im Vordergrund steht.
Diese erste Gesprächsrunde brachte die Erkenntnis, daß es für Kinder möglicherweise unproblematischer sein könnte, die Bedeutung des Abendmahls kennenzulernen, als dies bei Jugendlichen im Konfirmationsalter der Fall ist.
Der weite Raum, den die zweite Einheit mit der theologischen Information über die verschiedenen Aspekte der Abendmahlsfeier eröffnete, wurde als sehr befreiend empfunden.
Die dritte Arbeitseinheit verlief sehr konstruktiv. Ohne Entscheidungsdruck konnten Argumente für und gegen die Zulassung von Kindern zum Abendmahl zusammengetragen und diskutiert werden.
Als hilfreich erwies sich die vierte Arbeitseinheit. Hier konnten Vorbehalte und Ängste, die sich auf die praktische Durchführung bezogen, angesprochen werden. Zugleich konnten die in der vorhergehenden Einheit gesammelten Argumente nochmals überprüft werden.

Zur Beschlußfassung

Für die Entscheidungsfindung innerhalb des Gremiums war der Gedanke ausschlaggebend, daß das Abendmahl die Gemeinschaftsfeier derer ist, die durch die Taufe in die Gemeinde aufgenommen worden sind. Gerade beim Abendmahl wolle man deshalb darauf achten, daß niemand ausgegrenzt werden soll.

Deshalb wurde einstimmig beschlossen, die Zulassung von Kindern zum Abendmahl zu ermöglichen. Dabei verständigte sich das Gremium darauf, daß separate Abendmahlsfeiern im Kindergottesdienst nicht wünschenswert seien. Vielmehr sollten die Kinder etwa zwei Mal jährlich zu besonders kindgerecht und familienfreundlich gestalteten Abendmahlsgottesdiensten eingeladen werden. Die Vorbereitung der Kinder könne im Rahmen des Kindergottesdienstes oder in einer Kinderbibelwoche erfolgen. Eine Altersbegrenzung für die Teilnahme von Kindern am Abendmahl wurde ausdrücklich abgelehnt.

Der Grundgedanke, daß niemand beim Abendmahl ausgegrenzt werden soll, war übrigens auch Anlaß für einen weiteren Beschluß: Ab sofort wird bei den Abendmahlsfeiern nicht mehr Wein, sondern nur noch Traubensaft ausgeschenkt.

Perspektiven

In den Herbstferien soll in Michelbach eine Kinderbibelwoche durchgeführt werden, durch die die Kinder auf die Teilnahme am Abendmahl vorbereitet werden. Mit einem Elternbrief sollen die Familien dann zu einem ersten Abendmahlsgottesdienst, an dem auch Kinder teilnehmen können, eingeladen werden. Dieser Gottesdienst soll am Reformationsfest stattfinden. Zum gleichen Zeitpunkt soll die Gemeinde ausführlich über den diesbezüglichen Beschluß des Kirchengemeinderats informiert werden.

Mit Kindern auf dem Weg zum Abendmahl

Thematische Vorbereitung
im Kindergottesdienst
Georg Ottmar

Wie können Kinder auf die Teilnahme am Abendmahl vorbereitet werden? In vielen Gemeinden wird diese Aufgabe dem Kindergottesdienst zugewiesen (vgl. den einführenden Artikel ›Abendmahl mit Kindern‹, S. 106). Im Folgenden sind einige Modelle zusammengestellt, die hierfür besonders geeignet erscheinen.

Vom Passah für das Abendmahl lernen

Quelle: Plan für den Kindergottesdienst 1985-1988, S. 161-163.
Ziel der Reihe ist es, daß die Kinder in der Beschäftigung mit der Passah-Tradition wichtige Wurzeln und Inhalte des Abendmahls kennenlernen.
Teilschritte:
1. Die Einsetzung des Passahmahls (2 Mose 12)
2. Die Feier des Passahmahls
3. Wie Jesus Passah feierte
4. Abendmahlsfeier im Gemeindegottesdienst
Bearbeitung u.a. in Ev. Kinderkirche 1/88, S. 8ff.; im gleichen Heft findet sich eine ausführliche Erzählung von Bernd Günther ›Wie Jesus Passah feierte‹, S. 71ff.; erneut abgedruckt in: Mit Kindern Abendmahl feiern, (Materialheft der Beratungsstelle für Gestaltung von Gottesdiensten und anderen Gemeindeveranstaltungen 61), Frankfurt 1991, S. 235ff.

Du bereitest vor mir einen Tisch

Quelle: Plan für den Kindergottesdienst 1989-1992, S. 58-63; eine Überarbeitung findet sich im Plan für den Kindergottesdienst 1993/94, S. 198-204.
Ziel: Durch die Beschäftigung mit dem Symbol ›Tisch‹ sollen die Kinder auf die Teilnahme an einer Mahlfeier, wenn möglich einer Abendmahlsfeier, vorbereitet werden.

Teilschritte:
1. Levi – mit Jesus an einem Tisch (Lukas 5, 27-32)
2. Gottes Fest beginnt auf alle Fälle (Lukas 14,15-24)
3. Jesus bereitet den Tisch für alle (Lukas 22,7-23)
4. Emmaus (Lukas 24,13-35)
Bearbeitung u.a. in Ev. Kinderkirche 2/89, S. 164ff.
Bemerkung: Der Plan für den Kindergottesdienst bietet an dieser Stelle besonders ausführliche Literaturhinweise!

Unser täglich Brot gib uns heute

Quelle: Plan für den Kindergottesdienst 1993/94, S. 169-174.
Ziel: Diese Reihe führt auf das Erntedankfest hin, indem den Kindern das Symbol ›Brot‹ erschlossen wird. U.a. wird vorgeschlagen, im Erntedankgottesdienst Abendmahl zu feiern und daran die Kinderkirchkinder zu beteiligen.
Teilschritte:
1. Brot stärkt und erhält Leben (2 Mose 16 i.A. – Manna in der Wüste)
2. Brot sättigt die Hungernden (Matthäus 14,13-21 – Speisung der 5000)
3. Brot können wir teilen (Apostelgeschichte 2,42-47 – Von der ersten Gemeinde)
4. Jesus, das Brot des Lebens (Johannes 6,22-35 – Ich bin das Brot des Lebens)
Bearbeitung u.a. in Ev. Kinderkirche 3/90, S. 257ff.; Ev. Kinderkirche 3/94 und 4/94, S. 267ff.
Bemerkung: Vgl. Plan für den Kindergottesdienst 1989-1992, S. 152-157.

Symbolreihe Brot

Quelle: Plan für den Kindergottesdienst 1995-97, S. 306-311; Neukonzeption im Plan für den Kindergottesdienst 1998-2000, S. 297-302.
Ziel der Reihe ist es, durch die Beschäftigung mit dem Symbol ›Brot‹ eine Abendmahlsfeier, an der Kinder beteiligt sind, vorzubereiten.
Teilschritte
1. Brot, ein Geschenk Gottes zur Stärkung des Menschen (Psalm 104 i.A.)
2. Brot ist notwendig, weil es den Hunger stillt (2 Mose 16 i.A.)
3. Bei Jesus ist Brot in Fülle (Johannes 6,1-15.35)
4. Jesus Christus – Das Brot, das der Welt das Leben gibt (Johannes 6,34f.; 21,1-14)
Bearbeitung u.a. in Ev.Kinderkirche 3/97, S. 261ff.

Vom Passah zum Abendmahl Jesu

Quelle: Plan für den Kindergottesdienst 1995-97, S. 126-132.
Ziel: Die Reihe will die Kinder anhand der Passah-Tradition und der Einsetzung des Abendmahls mit der Bedeutung des Abendmahls vertraut machen.
Teilschritte:
1. Israels Knechtschaft in Ägypten (2 Mose 1; 5 und 6,1)
2. Passah – Verschonung und Befreiung Israels (2 Mose 12)
3. Vom Passah zum Abendmahl Jesu (Markus 14,12-26)
Bearbeitung u.a. in Ev.Kinderkirche 1/96, S. 55ff.; dort auch Vorschläge für eine kindgerechte Abendmahlsliturgie.

Alle um einen Tisch

Quelle: Plan für den Kindergottesdienst 1998-2000, S. 8-13.
Ziel: Ausgehend von der Tischgemeinschaft Jesu mit Menschen, die von der Gesellschaft abgelehnt werden, wird Gottes Einladung entfaltet: Bei ihm sind alle eingeladen!
Teilschritte:
1. An einem Tisch (Lukas 5,27-32 – Levi)
2. Wieder an einem Tisch (Lukas 15,11-32 – die Söhne des barmherzigen Vaters)
3. Mit dem an einem Tisch (Lukas 19,1-10 – Zachäus)
4. Kommt alle zum Tisch des Lebens (Lukas 14,15-24 – Die große Einladung)
Bearbeitung u.a. in Ev. Kinderkirche, 1/98, S. 22-39.

Das Thema Abendmahl im Kindergottesdienst

Quelle: Abendmahl feiern mit Kindern, Eine Arbeitshilfe der evang. Landeskirche Baden (zu beziehen über den Evang. Oberkirchenrat Baden, Expeditur, Blumenstr. 1, 76133 Karlsruhe).
Ziel: Den Kindern soll möglichst ganzheitlich und unter verschiedenen Gesichtspunkten der Zugang zum Abendmahl eröffnet werden.
Teilschritte:
1. Sonntag: Vergebung – Gemeinschaft (Lukas 19,1-0 – Zachäus)
2. Sonntag: Teilen – Satt werden (Matthäus 14,13-21 – Speisung der 5000)
3. Sonntag: Alle sind eingeladen (Lukas 14,16-24 – Das große Gastmahl)
4. Sonntag: Erinnerung (Matthäus 26,20-30 – Abendmahl)
Aktion vor dem abschließenden Gottesdienst: Brot backen
5. Sonntag: Abendmahlsgottesdienst für Jung und Alt: Jesus teilt das Brot (mit und nach dem gleichnamigen Bilderbuch von Regine Schindler).

Kinderbibeltage: Der Tisch ist gedeckt für das große Fest

Quelle: Arbeitsstelle für Kindergottesdienst in der EKKH, Kandelsgasse 4, 35083 Wetter.
Ziel: Vorbereitung der ganzen Gemeinde auf die Teilnahme von Kindern am Abendmahl.
Teilschritte:
A. Kinderbibeltage
1. Tag: Passah – 2 Mose 12
2. Tag: Alle werden satt – Johannes 6,1-15
3. Tag: Das große Abendmahl – Lukas 14,16-24
4. Tag: Jesus nahm das Brot ... – Matthäus 26,17-29
B. Ein Gemeinde-Fest-Tag mit Kindern und Erwachsenen
in drei Gruppen zu den Symbolen Brot, Weinstock und Kreuz
C. Abendmahlsgottesdienst mit Kindern und Erwachsenen
D. Seminarabende mit Jugendlichen/Erwachsenen/Kirchenvorstand
Bemerkung: Eine besonders gründlich und gut ausgearbeitete Arbeitshilfe!

Mit Kindern Abendmahl feiern

Quelle: Mit Kindern Abendmahl feiern, (Materialheft der Beratungsstelle für Gestaltung von Gottesdiensten und anderen Gemeindeveranstaltungen 61), Frankfurt 1991, S. 79ff.
Ziel: Alle drei Jahre werden die Grundschulkinder der Christuskirchengemeinde in Frankfurt/M. zur Vorbereitung auf die Teilnahme am Abendmahl eingeladen.
Teilschritte:
1. Noah – Erster Bund
2. Zachäus. Vergebung
3. Speisung der 5000. Gemeinschaft
4. Das große Gastmahl. Hoffnung
5. Erinnerung und neuer Bund
6. Vom Korn zum Brot. Wandlung

Mit Kindern am Tisch des Herrn

Quelle: Aus der gleichnamigen Arbeitshilfe des Synodalrats der Evang.-Ref. Kirche des Kantons Freiburg/CH; abgedruckt in: Mit Kindern Abendmahl feiern, (Materialheft der Beratungsstelle für Gestaltung von Gottesdiensten und anderen Gemeindeveranstaltungen 61) Frankfurt 1991, S. 99ff.
Ziel: Die Kinder werden anhand von didaktisch gut aufbereiteten biblischen Erzählungen in die Bedeutung des Abendmahls eingeführt.

Teilschritte:
1. Ein Volk macht sich auf den Weg (2 Mose 12 – Passahmahl)
2. Gott gibt seinem Volk zu essen (2 Mose 16 – Manna in der Wüste)
3. Die Hochzeit zu Kana (Johannes 2 – Hochzeitsmahl)
4. Das große Festessen (Lukas 14,16-23 – Gastmahl, Festmahl)
5. Zachäus begegnet Jesus (Lukas 19 – Liebesmahl)
6. Das letzte Mahl (Markus 14,12-31 – Abendmahl)
7. Jesus lebt (Lukas 24,13-35 – Hoffnungsmahl)
Bemerkung: Zu dieser Reihe gehören Poster, Bilder und Lieder. Das Arbeitsheft bietet darüber hinaus Erklärungen zu den biblischen Texten, weitere Gestaltungsvorschläge sowie eine Einführung ins Thema ›Mit Kindern am Tisch des Herrn‹. Es kann bezogen werden beim Schweizerischen Sonntagsschulverband, CH 8415 Berg a. Irchel.

Bis zur Unendlichkeit und noch viel weiter ...

Statt eines Nachworts
Scott Haslett

»Bis zur Unendlichkeit und noch viel weiter ...« – dieser Spruch stammt vom Spielzeug-Astronauten Kap'n Buzz Lightyear, einer der beiden Hauptfiguren in dem Spielfilm »Toy Story«. Diese Aussage gefällt mir gut, aber meiner fünfjährigen Tochter Laura gefällt sie noch viel besser. Mir gefällt sie, weil sie mich an die Unendlichkeit Gottes erinnert; an die Unendlichkeit Seiner Liebe zu mir, und irgendwie auch an die Befreiung vom Tod, den Er uns durch Jesus schenkt. Laura gefällt der Spruch (und auch der ganze Film), weil er vollgepackt ist mit Aktionszenen, weil es sich die ganze Zeit um Spielzeug dreht und weil die Bösen und die Guten sehr klar erkennbar sind. Sie hat das Video mindestens 10 mal gesehen, und jedesmal müssen meine Frau und ich manche Szenen mit ihr nachspielen. Eine von uns übernimmt die Rolle des bösen Jungen Sid, der aus schierer Lust an der Zerstörung Spielzeug auf grausamste Art und Weise vernichtet. Nur: bei Laura ist Sid nicht mehr böse, sondern ganz lieb und mit Buzz Lightyear befreundet.

Manche von Ihnen werden vielleicht denken: Wie können sie es zulassen, daß ihre Tochter mit 5 Jahren so etwas sieht! Wäre es nicht besser, mit ihr die Kinderbibel anzusehen und vorzulesen? Da sind auch ganz tolle, spannende Geschichten drin.

Das ist sicherlich wahr, aber um ehrlich zu sein: meine Frau und ich haben bisher nur sehr selten die Kinderbibel mit Laura angeschaut. Auch im Kindergottesdienst ist sie erst ein paar Mal gewesen. Und trotzdem bin ich oft erstaunt, wie fundiert ihr biblisches Wissen ist. Sie kennt die Geschichte mit Noah in- und auswendig (einschließlich Gottes Begründung für die Sintflut), kann mir eine ganze Menge über David erzählen – das hat sie von den Kinderbibeltagen in der Friedensgemeinde – und hat verstanden, daß Jesus gestorben und wieder auferstanden ist.

Woher weiß sie denn über solche Sachen Bescheid? Laura nimmt regelmäßig an unserem Leben in der Gemeinde teil. Oft begleitet sie uns zum Gottesdienst und hat schon längst verstanden, daß Kind sich dort ruhig verhalten soll. Und immer, wenn ich denke, sie hört gar nicht zu, verblüfft sie mich mit irgendeiner Frage oder mit einem Satz aus der Schriftlesung oder gar der Predigt. Zu Hause beten wir oft vor den Mahlzeiten, und meist übernimmt Laura das mit einem selbst formulierten Gebet. Wie z. B.: »Gott, ich danke Dir für das Essen und für die ganze Welt. Für alle Tiere und auch für Batman, den Du geschaffen hast.« Sie erlebt auch, daß meine Frau und ich uns in der Gemeinde engagieren, und hat selber eine gute Beziehung zum haupt- und ehrenamtlichen Personal.

Nun, dies soll kein Loblied auf meine Tochter sein. Vielmehr möchte ich zeigen, daß die christliche Erziehung im klassischen Sinne (viel Bibel lesen, jeden Sonntag in die Kirche, den Zorn Gottes schildern, um die erwünschte Verhaltensweise zu erzwingen) für den späteren Glauben gar nicht notwendig und sogar oft hinderlich ist.

Ich, weiß das ziemlich genau, da meine Großeltern mütterlicherseits gute, aber auch strenge Christen waren, die einer presbyterianischen Gemeinde nahe Las Vegas angehörten. Ihre Versuche, meine Mutter zu einer gottesfürchtigen Frau zu erziehen, sind gänzlich fehlgeschlagen. Das führte dazu, daß meine Mutter mir jahrelang verbot, in die Kirche zu gehen. Bloß einmal, als ich sieben war, durfte ich meinen Großvater zum Gottesdienst begleiten, und ich habe es nie vergessen. Ich fühlte mich die ganze Zeit ziemlich verlegen und hoffte sehr, nicht durch unpassendes Benehmen aufzufallen. Das Ganze war mir fremd und mein Bild von Gott total schwammig und zum größten Teil aus den Aussagen anderer Menschen zusammengeflickt. Dieses unbehagliche Gefühl begleitete mich, bis ich mit 18 den Entschluß faßte, selbst in die Kirche zu gehen, um zu sehen, worum sich das Ganze dreht. Ziemlich bald danach wußte ich, ich hatte das gefunden, wonach ich in meinem bisherigen, noch relativ kurzen Leben gesucht hatte.

Der Schlüssel zum christlichen Glauben liegt also offensichtlich nicht darin, daß Eltern ihre Kinder täglich mit Botschaften über Gott, Jesus oder sonstige Gestalten oder Taten aus der Bibel konfrontieren. Letztendlich kann keiner von uns bestimmen, ob unsere Kinder gläubige Christen werden oder nicht. Verstehen Sie mich bitte nicht falsch. Ich halte die Erziehung, und vor allem christliche Erziehung, für sehr wichtig. Denn ich möchte Laura Werte mit auf den Weg geben als Entscheidungshilfen für ihr späteres Leben. Ich will ihr vermitteln, daß die Bewahrung der Schöpfung, die Beachtung des Lebens und Respekt vor den Gefühlen anderer Menschen wichtige Richtlinien sind, aber auch, daß Gott *alle Menschen liebt* – ganz egal wie sie aussehen oder welche Sprache sie sprechen.

Auch möchte ich, daß meine Tochter nicht einfach alles nachplappert, was irgend jemand erzählt. Sie soll keine Angst haben, Traditionen zu hinterfragen und zu prüfen, ob sie im Einklang mit ihrem Verständnis von Gott und der Bibel stehen. Kinder können uns hier, wie in vielen Bereichen, ein Beispiel sein – wenn wir dafür offen sind. Sie sind viel besser in der Lage, Neues zu wagen, und sind lange nicht so festgelegt in ihrem Denken und Glauben. Sie sind experimentierfreudiger, weil sie nicht vorbelastet sind. Und sagt nicht Jesus selbst, daß wir wie die Kinder sein sollen?

Und eben diese Fähigkeit, Dinge zu hinterfragen, scheint sich ganz von selbst zu entwickeln. Einmal, als meine Frau Laura ins Bett brachte und mit ihr gebetet hatte, schlug Laura das Kreuz (sie besucht einen katholischen Kindergarten und hatte diese Geste von den Erzieherinnen abgeschaut) und sagte: »Im Namen des Vaters und des Sohnes und des Heiligen Geistes, Amen.« Dann überlegte sie kurz und fragte plötzlich: »Und wo ist die Mutter?«.

Was will ich als Vater mit der religiösen Erziehung erreichen? Hier sind für mich die folgenden Punkte vorrangig:

- Selbstbewußtsein (liebe deine Nächsten wie dich selbst)
- Kritikfähigkeit (dies stellt sich von alleine ein bzw. wir schaffen Offenheit im vertrauensvollen Zusammenleben, in dem auch Kritik erlaubt ist)
- Achtung vor dem Leben
- Verantwortungsbewußtsein
- Liebevoller Umgang mit anderen

Und wie kann ich diese Ziele erreichen?

- Mit der Einstellung, daß wir voneinander lernen (wir sind alle füreinander Vorbild – Eltern für Kinder, Kinder für Eltern und ruhig auch zugeben sollten, daß wir nicht auf alles eine Antwort haben).
- Indem wir unsere Kinder an unserem Leben teilhaben lassen und
- Indem wir unsere Kinder als Geschenke Gottes begreifen, die wir ein Stück durch das Leben begleiten, die aber ihr eigenes Leben finden müssen und auch ihre eigene Gottesbeziehung.

Hier gilt es, Gott zu vertrauen, daß er Leben gelingen läßt – auch religiöses Leben für meine Tochter. Wie das wird, wer weiß das schon? Mir hilft aber ungemein der Gedanke, daß wir es mit dem Gott der Liebe und der Gerechtigkeit, dem vollkommenen Schöpfer des Universums persönlich zu tun haben. Mit ihm sind wir alle auf einer spannenden Reise. Bis zur Unendlichkeit und noch viel weiter ...

Dieser Beitrag wurde bei einer Sitzung des Gesamtkirchengemeinderats Stuttgart zum Thema »Mit Kindern von Gott reden – Religiöse Sozialisation in den Neunzigern« vorgetragen.

Ausgewählte Literatur

Zu Fragen einer kindgerechten Liturgie

Gottesdienst mit Kindern. Arbeitshilfe für Mitarbeiterinnen und Mitarbeiter im Kindergottesdienst, hg. vom Landeskirchenamt der Evangelischen Kirche von Kurhessen-Waldeck, 1992 (Vertrieb: Arbeitsstelle für Kindergottesdienst, Kandelsgasse 4, 35083 Wetter).

Wolfgang Grünberg, Die Kinder und die Gottesdienste in der Gemeinde, in: Eberhard Dieterich / Klaus Stolzmann (Hgg.), Wachsen wie ein Baum. Neues vom Arbeitsfeld Kinderkirche, Stuttgart 1982, S. 126-141.

Christian Grethlein, Abriß der Liturgik, Gütersloh 1989.

Horst Harbig, Das Kind, das unbekannte Wesen, in: Eberhard Dieterich / Gerd Schenk (Hg.), Arbeitsfeld Kinderkirche. Berichte, Beispiele, Anregungen, Stuttgart 1979, S. 60-74.

Hans-Günter Heimbrock, Lern-Wege religiöser Erziehung. Historische, systematische und praktizierte Orientierung für eine Theorie religiösen Lernens, Göttingen 1984.

Albert Sting, Die Sieben- bis Zehnjährigen und ihre Welt, in: Eberhard Dieterich / Klaus Stolzmann (Hgg.), Wachsen wie ein Baum. Neues vom Arbeitsfeld Kinderkirche, Stuttgart 1982, S. 94-100.

Zum Thema Taufe und Tauferinnerung

Reiner Blank / Christian Grethlein (Hg.), Einladung zur Taufe – Einladung zum Leben. Konzept für einen tauforientierten Gemeindeaufbau, entwickelt im Gemeindekolleg der VELKD, Stuttgart 1993.

Joachim Dietermann, Taufe für Große und Kleine, (Materialheft der Beratungsstelle für Gestaltung von Gottesdiensten und anderen Gemeindeveranstaltungen 71) Frankfurt 1994.

Geborgen bei Gott für alle Zeit. Kinderbibelwoche zur Taufe, Sondernummer des Kindergottesdienstbriefes 2/1990 (Bezugquelle: Arbeitsstelle für Kindergottesdienst in der Ev. Kirche Kurhessen-Waldeck, Kandelsgasse 4, 35083 Wetter).

Stell dir vor: Du bist getauft. Eine Kinderbibelwoche zur Erinnerung und Vorbereitung der Taufe (Bezugsquelle: Förderverein Kindergottesdienst e.V., Marie-Alexandra-Straße 22, 76135 Karlsruhe).

Taufe, ein Weg mit Jesus, in: PKG 1993-1994, S. 92-96 und PKG 1995-1997, S. 68-73.

Taufe – neues Leben mit Jesus, in: PKG 1998-2000, S. 198-204.

Zum Thema Abendmahl mit Kindern

Abendmahl mit Kindern. Eine Handreichung der VELKD mit Beiträgen von Jürgen Jeziorowski, Brigitte Hasselmann und Albert Mauder, Hamburg 1978.

Abendmahl mit Kindern. Entwicklungen in den Evangelischen Kirchen in der Bundesrepublik Deutschland und in der Deutschen Demokratischen Republik 1977-1982, (Comenius-Institut Münster, Dokumentation 4) Münster 1983

Joachim Dietermann, Mit Kindern Abendmahl feiern, (Materialheft der Beratungsstelle für Gestaltung von Gottesdiensten und anderen Gemeindeveranstaltungen 61) Frankfurt 1991.

Ulrich Fischer / Manfred Hilkert, Abendmahl feiern mit Kindern. Eine Arbeitshilfe der evangelischen Landeskirche Baden (Vertrieb: Evangelischer Oberkirchenrat Baden, Expeditur, Blumenstr. 1, 76133 Karlsruhe).

Eberhard Kenntner, Abendmahl mit Kindern. Versuch einer Grundlegung unter Berücksichtigung der geschichtlichen Wurzeln der gegenwärtigen Diskussion in Deutschland, Gütersloh 1980.

Ulrike Kolkmann / Rolf Krenzer / Sigrid Kling, Der Tisch ist gedeckt für das Fest. Gottesdienst feiern mit geistig behinderten Menschen. Bausteine für Familiengottesdienste, Bundesvereinigung Lebenshilfe für Geistig Behinderte Marburg 1986.

Rolf Krenzer, Selbstgebackenes Brot, in: ders., Ich wünsche dir ein gutes Jahr, Limburg 1983, S. 222.

H.A. Mertens, Brot in deiner Hand, in: ders., Brot in deiner Hand, München o.J.; wieder abgedruckt in: Vorlesebuch Symbole, Erhard Domay (Hg.), Lahr/Düsseldorf 1989, S. 231-233; Joachim Dietermann (Hg.), Mit Kindern Abendmahl feiern, a.a.O., S. 139-141 u.ö.

Martin Lienhard, Mit Kindern Abendmahl feiern. Modelle, Reflexionen, Materialien, München 1978.

Der Tisch ist gedeckt für das große Fest. Vier Kinderbibeltage (Kinderbibelwoche) (Vertrieb: Arbeitsstelle für Kindergottesdienst in der Ev. Kirche Kurhessen-Waldeck, Kandelsgasse 4, 35083 Wetter).

Weitere Literatur

Erneuerte Agende – Vorentwurf. Hg. Vereinigte Ev.-Luth. Kirche Deutschlands (VELKD) und Ev. Kirche der Union (EKU), Hannover/Bielefeld 1990.

Fritz Baltruweit / Günter Ruddat, Gemeinde gestaltet Gottesdienst. Arbeitsbuch zur Erneuerten Agende, Gütersloh 1994.

Kindergottesdienst-Helferhandbuch, Rheinischer Verband für Kindergottesdienst (Hg.), 4. überarb. Auflage Stuttgart 1989.

... damit wir gemeinsam feiern können. Anregungen für Gemeindegottesdienste mit geistig behinderten Menschen, Landeskirchlicher Arbeitskreis für Behindertenseelsorge und Fachbereich Kirchlicher Unterricht am Pädagogisch-Theologischen Institut der Evangelischen Kirche im Rheinland (Hg.), Düsseldorf 1993 (Vertrieb: Presseverband der Evang. Kirche im Rheinland, Rochusstraße 44, 40479 Düsseldorf).

Birgit Müller (Hg.in), Segensworte und Segensgesten, (Materialheft der Beratungsstelle für Gestaltung von Gottesdiensten und anderen Gemeindeveranstaltungen 72) Frankfurt 1994.

Irmgard Weth, Neukirchner Kinderbibel, mit Bildern von Kees de Kort, Neukirchen-Vluyn, 3. Aufl. 1988.

»anknüpfen«. impulse aus der konfirmandenarbeit in württemberg, Heft 1, 1997, (Vertrieb: Pädagogisch-Theologische Zentrum, Grüninger Str. 25, 70599 Stuttgart).

Verwendete Abkürzungen

EG	=	Evangelisches Gesangbuch.
EG Rheinland	=	Evangelisches Gesangbuch Ausgabe für die Evangelische Landeskirche im Rheinland.
EG Württemberg	=	Evangelisches Gesangbuch Ausgabe für die Evangelische Landeskirche in Württemberg.
FrHerz	=	Er gebe uns ein fröhlich Herz. Überlegungen, Vorschläge, Texte für die Liturgie im Kindergottesdienst, hg. vom Württ. Ev. Landesverband für Kindergottesdienst, 3. Aufl. Stuttgart 1989.
LfK 1	=	Liederheft für den Kindergottesdienst, Heft 1, Westfälischer Verband für Kindergottesdienst (Hg.), überarbeitete Neuausgabe 1994. (Vertrieb: Kindergottesdienstarbeit bei der Arbeitsstelle Gottesdienst der EKvW, Olpe 35, 44135 Dortmund).
LJ	=	Liederbuch für die Jugend, Markus Hartenstein / Gottfried Mohr (Hgg.), 18. vollst. überarb. Aufl. Stuttgart 1995.
Lob sei dir 3	=	Wir feiern Kindergottesdienst; Agendenmappe zum Thema »Sich freuen und traurig sein«, Rhein. Verband für Kindergottesdienst (Hg.), (Vertrieb: Geschäftsstelle Nord, Graf-Recke-Str. 209, 40237 Düsseldorf).
LzU	=	Detlev Jöcker, Das Liederbuch zum Umhängen. 100 der schönsten religiösen Kinderlieder, Band I+II, 2. Aufl. Menschenkinder Musikverlag Münster 1990.
MGR	=	Mal Gottes Regenbogen in das Grau-in-Grau der Welt, Winfried ›Daffy‹ Dalferth / Gottfried Mohr / Gerhard Vicktor (Hgg.), Stuttgart 1990 (vergriffen).
ML	=	Mein Liederbuch für heute und morgen, Düsseldorf 1981.
MK	=	Mein Kanonbuch, 3. Aufl. Düsseldorf 1992.
MKL	=	Menschenskinderlieder, diverse Aufl. Beratungsstelle für Gestaltung von Gottesdiensten und anderen Gemeindeveranstaltungen, Frankfurt.
PKG	=	Plan für den Kindergottesdienst, Gesamtverband für Kindergottesdienst in der Evangelischen Kirche in Deutschland (Hg.), erscheint in der Regel alle drei Jahre (Vertrieb: Buch- und Offsetdruckerei Paul Schürrle, Filderhauptstr. 87-89, 70599 Stuttgart).
Sagt Gott	=	Sagt Gott, wie wunderbar er ist, Jürgen Koerver / Gottfried Mohr / Andreas Weidle (Hgg.), 2. Aufl. Stuttgart 1995.

Die Herausgeberinnen und Herausgeber

Georg Ottmar, geb. 1957, Studium der Theologie in Tübingen, Basel, Heidelberg und Berlin. Vikariat und Ausbildung zum Heilerziehungspfleger in den Mariaberger Heimen e.V. Seit 1988 Gemeindepfarrer in Oberfischach. Mitglied der Textplankommssion des Gesamtverbands für Kindergottesdienst in der EKD, Bezirksbeauftragter für Kindergottesdienst. Weitere Arbeitsschwerpunkte: Neue Gottesdienstformen, Liturgie, Arbeit mit Kindern und Jugendlichen.

Gabriele Arnold, geb. 1961, Pfarrerin in Stuttgart, Theologiestudium in Tübingen, Mainz und Berlin, Pfarrerin in einer hohelohischen Landgemeinde seit 1995 in Stuttgart, Arbeitschwerpunkte: Kinder- und Seniorenarbeit.

Thomas Lehnardt, geb. 1958, Studium der Evang. Theologie in Wuppertal, Bonn, Tübingen und der Judaistik in Köln, Jerusaelm und Berlin. 1984-1992 Wissenschaftlicher Mitarbeiter an den Instituta Judaica in Tübingen und Münster. Vikariat, seit 1995 Pfarrer in Hirschlanden. Arbeitsschwerpunkt u.a. Kinder- und Jugendarbeit.

Monika Renninger, geb. 1961, Studium der Evang. Theologie in Tübingen und Heidelberg, mit »Studium in Israel« in Jerusalem und mit einem Studienprojekt »Feminist Theology – an New Perspective in Jewish-Christian Dialogue« in Boston. 1992 – 1994 Studienassistenstin an der Evang. Akademie Bad Boll, seit 1995 Gemeindepfarrerin in Stuttgart. Arbeitsschwerpunkt dort Gottesdienst.

Die Autorinnen und Autoren

Dorothee Eisrich, geb. 1961, ist Gemeindepfarrerin in Waiblingen.

Uwe Grieser, geboren 1960, ist Gemeindepfarrer in Bonn.

Angelika Reimann-Hafner, geb. 1958, ist Erzieherin und lebt in Stuttgart.

Scott Haslett, geb. 1959, ist Übersetzer und lebt in Stuttgart.

Angelika Heimerl, geb. 1955, ist Gemeindediakonin in Stuttgart.

Ralf Horndasch, geb. 1960, ist Gemeindepfarrer in Stuttgart.

Siegfried Jahn, geb. 1959, ist Gemeindepfarrer in Künzelsau.

Anne-Kathrin Kruse, geb. 1957, ist Studienleiterin am Pfarrseminar Stuttgart und lebt in Neuhausen a.d.S.

Philipp Neßling, geb. 1935, ist Verbandspfarrer für gemeindliche Behindertenarbeit im Kirchenkreis Essen.

Hartmut Otto, geb. 1943 ist Pfarrer in Meßstetten-Tieringen.

Günter Teichgraeber, geb. 1938, ist Gemeindepfarrer in Waiblingen.

Evelina Volkmann, geb. 1962, ist Gemeindpfarrerin in Lichtenstein-Württ.

Manfred Wacker, geb. 1958, ist Akademischer Rat und lebt in Stuttgart.

Kommunikative Gemeindepraxis

Advent feiern

Sieben Themen für die Praxis.
Herausgegeben von Uwe Grieser
und Jörg Heimbach.
160 Seiten. Kt.
[3-579-03076-0]

Aus verschiedenen Perspektiven entfalten die Beiträge dieses Buches die
besonderen Erfahrungen und Themen
der Adventszeit. Uwe Grieser und Jörg
Heimbach regen – wie schon in den
»Passionsandachten« – zu einer kom-
munikativen Gemeindepraxis an, die
Menschen dazu einlädt, adventliche
Wirklichkeit gemeinsam wahrzunehmen und zu feiern. Die ausgewählten
Lieder und Bibeltexte sprengen bewußt
den Rahmen traditioneller Advents-
andachten.

Advent feiern

Sieben Themen für die Praxis

Herausgegeben von Uwe Grieser und Jörg Heimbach

Gütersloher
Verlagshaus

➡ Gebete und Andachten
Lieder und Gottesdienste

Mit sprechenden Gesichtern. Gottesdienste in Altenheimen

Herausgegeben von
Susanne Schildknecht.
192 Seiten. Kt.
[3-579-03080-9]

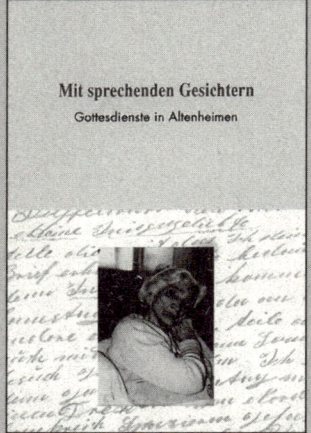

Mit sprechenden Gesichtern
Gottesdienste in Altenheimen

Gottesdienste in Altenzentren und Altenheimen gehören zu den wichtigsten Arbeitsfeldern von PfarrerInnen. MitarbeiterInnen in Einrichtungen für alte Menschen und Ehrenamtliche kommen immer wieder in Situationen, in denen sie Elemente gottesdienstlicher Liturgien benötigen: ein Lied, ein Gebet, eine Kurzandacht oder eine Trauerfeier im Altenheim.

Susanne Schildknecht bietet in ihrem Buch nach einer Einführung in die besondere liturgische Situation des Gottesdienstes mit alten Menschen ausgeführte Modelle und liturgische Bausteine für dieses in vieler Hinsicht wesentliche Handlungsfeld der Kirche.

Gütersloher
Verlagshaus